MYTHOS AUSWANDERN

Go Hard or Go Home!

Torsten J. Koerting

Das Spiel zum Buch: www.mythos-auswandern.de

Sie können Ihre Geburtsurkunde nicht finden, von der Sie drei beglaubigte Kopien für das Visum benötigen? Gehen Sie drei Felder zurück! Der Baumüllcontainer steht im Sturzwinkel unter Ihrem Fenster – befreien Sie sich von allem Ballast und rücken Sie drei Felder vor! Sie lesen gleich einen ganzen Stapel mit Ratgeberbüchern zum Thema Auswandern. Am Ende sind Sie genauso schlau wie vorher – setzen Sie eine Runde aus.

„Mythos Auswandern" als Spiel zum kostenlosen Download – stellen Sie Ihr Durchhaltevermögen, Ihre Stresstoleranz und Ihre Euphorie auf den Prüfstand! Wer schafft es, als erster auszuwandern? Wer sollte doch lieber zu Hause bleiben? www.mythos-auswandern.de

Impressum

Bibliografische Informationen der Deutschen Bibliothek:
Die Deutsche Bibliothek verzeichnet diese Publikation in der Deutschen Nationalbibliografie, detaillierte Daten sind im Internet unter http://dnb.ddab.de abrufbar.

ISBN: 978-3-839-12289-1
Konzept und Text: Torsten J. Koerting
Redaktionelle Betreuung: Dorothee Köhler, www.scriptics.de
Illustrationen und Umschlaggestaltung: Ella Diesendorf
Herstellung und Verlag: Books on Demand GmbH, Norderstedt, www.bod.de

INHALT

Vorwort 7

Mythos Auswandern in Zahlen 9

Eine Idee wird geboren 13
Warum glauben Sie eigentlich, dass Sie es woanders besser haben als zu Hause?

Die Vorbereitung 27
Das Lachen wird Ihnen noch schnell genug vergehen!

Im neuen Land 47
Go Hard or Go Home!

Am Scheideweg 73
Sagen Sie nicht, ich hätte Sie nicht gewarnt!

Wie gewinnt man? 89
Vergessen Sie die Tagesschau! Lernen Sie lieber Cricket!

Epilog 105

Über den Autor 107

Für Oma

VORWORT

Sie wollen also auswandern? Ihrem Heimatland den Rücken kehren? Den Diskussionen um Finanzkrise, marodes Gesundheitssystem, Altersarmut und dem nahezu durchgehend gefühlt schlechten Wetter entfliehen? Überfüllten Supermärkten und griesgrämigen Mitbürgern mitsamt ihren Schimpftiraden über die Nachbarn einfach den Rücken kehren und von dannen ziehen? Sie haben restlos die Nase voll davon, jeden Morgen im Regen zur S-Bahn zu hetzen, nur um dort festzustellen, dass Sie sich gar nicht hätten so beeilen müssen, weil die Bahn eh wieder zu spät ist? Sie wollen Ihre privat und beruflich verbrannte Erde zurücklassen und neue Saat säen, da, wo noch frisches unverbrauchtes Land von der ewig strahlenden Sonne beschienen wird? Dem Alltagsstress ein Schnippchen schlagen und aufbrechen zu unbekannten Ufern? Ihr Leben auf neue Beine stellen und im Ausland noch mal ganz von vorne anfangen? Auf den Punkt gebracht: Sie haben es einfach satt?

Bevor Sie Hals über Kopf Ihre im Keller vergrabenen Koffer packen, nehmen Sie sich doch bitte eine Flasche guten deutschen Rotweins, vielleicht einen Spätburgunder aus dem Hause Müller-Catoir, freuen Sie sich über das satte

„Plopp“ des Korkens, greifen Sie zu einem Ihrer besten Rotweingläser und schenken Sie sich üppig ein. Lassen Sie das edle Bouquet des am Sonnenhang gereiften Traubensaftes durch Ihre Nase ziehen, verkriechen Sie sich in Ihre Lieblingsecke, richten Sie es sich so richtig gemütlich ein – natürlich nicht ohne Ihren Lieben freundlich mitzuteilen, dass Sie für die nächsten zwei bis drei Stunden nicht gestört werden wollen. Zünden Sie vielleicht noch ein kleines Kerzchen an, lehnen Sie sich zurück, entspannen Sie sich, beruhigen Sie Ihren durch Auswanderungseuphorie beschleunigten Puls und nun – viel Spaß bei der Lektüre dieses Buches!

MYTHOS AUSWANDERN IN ZAHLEN ...

... am Beispiel von Australien

Anzahl der Menschen, die im Jahr 2007
aus Deutschland ausgewandert sind: 161.105
Anzahl der Menschen, die im Jahr 2007
nach Deutschland eingewandert sind: 106.014

Monatliches Bruttodurchschnittseinkommen
eines Lehrers in Deutschland im Jahr 2008 in Euro: ...4.197
Monatliches Bruttodurchschnittseinkommen
eines Lehrers in Australien im Jahr 2008 in
Australischen Dollar: 5.416

Wert des australischen Dollars 2007 in Euro: 0,8
Wert des australischen Dollars 2008 in Euro: 0,5

Kosten für einen Flug Australien–Deutschland
2007 in Euro: 1.000
Betrag, der für die Bezahlung dieses Fluges
im Jahr 2007 notwendig ist, in Australischen Dollar: 1.250
Kosten für einen Flug Australien–Deutschland
2008 in Euro: 1.700
Betrag, der für die Bezahlung dieses Fluges
im Jahr 2008 notwendig ist, in Australischen Dollar: 3.400

Erwerbslosenquote in Deutschland
im Jahr 2005 in Prozent: 9,5
Erwerbslosenquote in Australien
im Jahr 2005 in Prozent: 5,5

Größe von Deutschland im Jahr 2008
in Quadratkilometer: 357.021
Größe von Australien im Jahr 2008
in Quadratkilometer: 7.686.850

Anzahl der Welterbestätten in Deutschland
im Jahr 2009: 44
Anzahl der Welterbestätten in Australien
im Jahr 2009: 17
Anzahl Quadratkilometer je Welterbestätte
in Deutschland: 8.114
Anzahl Quadratkilometer je Welterbestätte
in Australien: 452.167

Anzahl der Einwohner in Deutschland
im Jahr 2008: 82.369.552
Anzahl der Einwohner in Australien
im Jahr 2008: 21.007.310
Einwohner je Quadratkilometer in Deutschland
im Jahr 2008: 230,71
Einwohner je Quadratkilometer in Australien
im Jahr 2008: 2,73

Bruttoinlandsprodukt in Deutschland
im Jahr 2008 in Milliarden US-Dollar: 2.816
Bruttoinlandsprodukt in Australien
im Jahr 2008 in Milliarden US-Dollar: 752,2

Staatsverschuldung in Deutschland im Jahr 2008
in Prozent vom Bruttoinlandsprodukt: 65,3
Staatsschulden je Einwohner in Deutschland
im Jahr 2008 in US-Dollar: 22.324
Staatsverschuldung in Australien im Jahr 2008
in Prozent vom Bruttoinlandsprodukt: 15,2
Staatsschulden je Einwohner in Australien
im Jahr 2008 in US-Dollar: 5.442

Anzahl Sonnenstunden in Deutschland
im Jahr 2008: 1.634
Anzahl Sonnenstunden in Australien
im Jahr 2008: 3.136

Anzahl Neugeborene je 1.000 Einwohner
in Deutschland im Jahr 2009: 8,18
Anzahl Neugeborene je 1.000 Einwohner
in Australien im Jahr 2009: 12,47

Durchschnittliche Wohnfläche eines Eigenheims
in Deutschland im Jahr 2009 in Quadratmetern: 109
Durchschnittliche Wohnfläche eines Eigenheims
in Australien im Jahr 2009 in Quadratmetern: 214

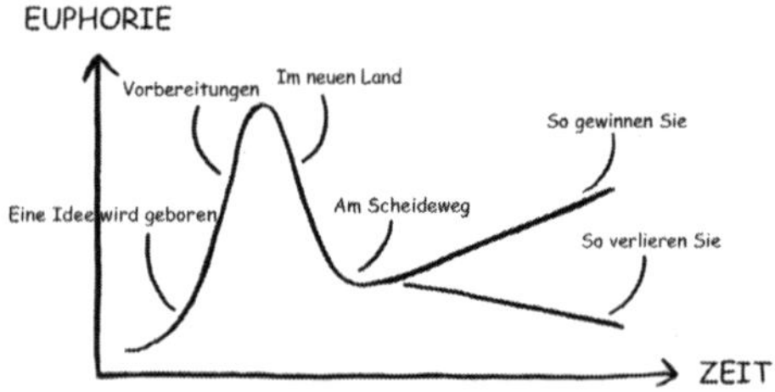
EUPHORIE
Vorbereitungen
Im neuen Land
So gewinnen Sie
Eine Idee wird geboren
Am Scheideweg
So verlieren Sie
ZEIT

EINE IDEE WIRD GEBOREN

Warum glauben Sie eigentlich, dass Sie es woanders besser haben als zu Hause?

Sie glauben also, Deutschland ist es nicht mehr wert. Mit den letzten 10, 20 oder gar 30 Jahren Ihres strukturierten Alltagslebens und dem Gefühl, ein kaum sichtbares Rädchen im großen Getriebe der globalen Weltgeschichte zu sein, haben Sie innerlich abgeschlossen. Sie brauchen eine Veränderung – die nichts mit einem Sprung aus einem Flugzeug aus 4.000 Metern Höhe zu tun hat, angeflanscht an einen langhaarigen Aussteiger. Auch das Fliegen über Dünen mit dem Paraglider füllt Sie nicht mehr aus. Marathons und Triathlons haben Sie schon längst gewonnen, Ihre mittlerweile maroden Gelenke lassen höhere sportlichen Ziele sowieso nicht mehr zu, und die Sportgemeinschaft Ihres Arbeitgebers nimmt Sie höchstens noch in die Altherrengruppe auf.

Die hohen Krankenversicherungsbeiträge nerven Sie schon lange und die ständigen Umstrukturierungen und Verteuerungen des maroden Systems gehen Ihnen tierisch auf die Nerven – mal ganz abgesehen davon, dass Sie sie sowieso nicht mehr durchschauen.

Sie sehen Ihre zu erwartende Rente jährlich kleiner werden, obwohl Sie immer mehr einzahlen. Rentenauszahlungen werden real gekürzt und die prozentuale Belastung Ihres ohnehin schon strapazierten Nettoeinkommens geht in den großen Rententopf – der leider nicht überzulaufen droht, sondern ein unaufhörlich größer werdendes Loch hat, aus dem in einem stetigen Strom das, was oben treu reingeschüttet wurde, unten wieder rausläuft.

Mehr als acht Monate im Jahr werden von Herrn Kachelmann und seinen gespielt witzigen Kollegen entweder Graupelschauer, Regen, Nieselregen, Nebel, Sturm oder so etwas ähnliches wie Schnee vorhergesagt. Und wenn es mal Sonne ist, dann haben sich die Herren in 80 Prozent der Fälle geirrt und Sie müssen morgens doch wieder zurück, um Ihren Regenschirm holen.

Das Kindergarten- und Schulsystem glänzt durch Dysfunktionalität. Für Ihren Nachwuchs einen Platz im Kindergarten um die Ecke zu bekommen, gleicht einem Sechser im Lotto. Statt dessen müssen Sie Ihr Kind entweder zu Hause einsperren (bitte nicht nachmachen!) oder 45 Minuten mit dem Auto zum nächsten freien Kindergarten fahren – allerdings nur, um es rauchenden Teenagern zu überlassen, die es gerade noch zur Kinderbetreuerin geschafft haben.

Es nervt Sie schon seit Jahrzehnten, dass Sie für eine Standard-Steuererklärung zusätzliche Hilfe brauchen, um Tausende Paragraphen zu lesen, alle Ausnahmen mental zu erfassen und physisch umzusetzen – nur um das zurückzubekommen, was man Ihnen automatisiert und ausgiebig weggenommen hat.Die Agenda 2010 war ja schon schwer zu vermitteln, aber was Ihnen den letzten Nerv geraubt und das letzte Haar hat grau werden lassen – wenn Sie es sich vor Wut nicht schon längst rausgerissen haben –, ist das, was mit Hartz IV über unsere Gesellschaft hereingebrochen ist. Außerdem: Gesundheitsreform, Mindestlohndebatte, G8-Schulreform – Sie wissen schon.

Und selbst im Zeichen der Finanzkrise glauben Sie immer noch, dass es in anderen Ländern besser aussieht und Sie der gefühlt hohen Arbeitslosigkeit entrinnen können, auch wenn Sie feststellen müssen, dass alle immer noch wie blöd einkaufen und Sie jedes Mal drei Runden im völlig überfüllten Parkhaus fahren müssen, um Ihren Einkaufsbummel endlich beginnen zu können.

Sie träumen also von Sonne, Strand, netten, zuvorkommenden, freundlichen Menschen, weniger Stress und einem Neuanfang. Von Steuererklärungen, die auf einen Bierdeckel passen, von Kindergärten, die mit offenen Armen nur auf Ihr Kind gewartet haben, von Sozialkassen, die sich aus nie versiegenden, unbekannten Quellen speisen, von Unternehmen, die Ihnen gleich den Direktorenposten anbieten, natürlich mit Fensterplatz und Blick aufs von sanften Wellen gekräuselte Meer.

Das will ich auch!

Und nun stellen Sie sich mal vor, mitten in diese Tagträumereien hinein – platzt ein Freund mit seiner Zukünftigen in Ihr Haus und erzählt Ihnen, dass er ohne Probleme damals eine doppelte Staatsbürgerschaft erlangt hat. Sie merken, wie Ihr Adrenalinspiegel steigt. Sie fragen nach dem Land. Und Ihr Freund erzählt Ihnen, dass er jahrelang in Australien gelebt hat. Zum einen fragen Sie sich jetzt, warum er Ihnen das nicht schon früher erzählt hat. Der kurze Gedanke, ihn zu beschimpfen und mit Kraftwörtern einzudecken, wird allerdings hinweggefegt – von den Szenarien, die sich vor Ihrem inneren Auge abspielen: endlos vorbeiziehende Landschaften, ein dicker roter Fels inmitten von Nichts, Tauchgründe, soweit die Sauerstoffflasche reicht, ein Opernhaus, das seinesgleichen sucht, ein Himmel mit einem Blau, das Ihnen den Atem raubt. Ihr Puls schlägt kräftiger. Sie sehen ein Licht, ein Licht vor Ihrem inneren Auge. Einen Weg, einen Weg hinaus aus Ihrem grauen, tristen, spießigen Alltag, umgeben von unzufriedenen Menschen, wie Sie auch einer sind.

Die Gedanken überschlagen sich und Sie fragen aufgeregt weiter. Ihr Freund erzählt, dass er damals einfach ein Formular ausfüllte und nach ein paar Wochen das Visum in den Händen hielt. Sie fangen an zu zittern, Ihre Hände werden feucht. „Verdammt!", denken Sie sich. „Hammer! Wahnsinn! Das will ich auch!" Und stellen die alles entscheidende Frage: „Wie geht das?" Und mit des Freundes Aussage – dass es nur ein paar Formulare seien, die es da auszufüllen gälte und die Sie einfach im Internet herunterladen könnten – ist es um Sie geschehen.

Sie vergessen Ihre Umgebung, sehen sich schon im Flugzeug, aufbrechend zu neuen Ufern, und mit diesem Gedanken geben Sie sich Ihrem vertrauensvollen Freund, Ihren Illusionen, Emotionen und der neuen Euphorie hin. Sie stürmen in den Keller zum PC und versinken in den weiten Tiefen des Internets und den zu ergründenden Visa- und Einreise-Regularien eines anderen Landes.

Sollten Sie nicht so tolle Freunde haben oder Google immer noch für ein Mundspülwasser halten, dann haben Sie natürlich auch noch andere Möglichkeiten. Beispielsweise könnten Sie an tollen jährlichen US-Greencard-Lotterien teilnehmen und sich etwa von der Hoffnung treiben lassen,

dass Sie das Schicksal der Einwanderer teilen dürfen, die in den vergangenen Jahrhunderten im Land der unbegrenzten Möglichkeiten ihr Glück gesucht haben. Um dieses Gefühl voll auszukosten, kann ich Ihnen nur empfehlen: Verkaufen Sie alles, kündigen Sie (sollten Sie noch einen Job haben), nehmen Sie nur einen Koffer mit, vergessen Sie nicht die Greencard und lassen Sie sich in Bremerhaven auf einem Frachter ein Bett oder Kiste zuweisen, um nach einigen Tagen kotzend auf hoher See an der Freiheitsstatue vorbeizuschippern. Versuchen Sie Ihr Glück! Machen Sie Ihren Weg vom Tellerwäscher bis zum Millionär!

Wenn Sie nicht so schlau waren und schon nach dem Studium – ohne Familie und kompletten Hausstand im Schlepptau – ausgewandert sind, werden Sie schnell feststellen: In späteren Jahren reicht ein Rucksack leider nicht mehr aus. Dann brauchen Sie nämlich einen Container.

Mal im Ernst. Glauben Sie wirklich, dass es so einfach ist, Ihre Heimat zu verlassen und woanders ganz neu oder zumindest halb neu anzufangen? Glauben Sie wirklich, dass Sie es woanders besser haben als zu Hause? Vergessen Sie‘s. Weit gefehlt.

Bürokratie gibt's überall

Aber der Reihe nach. Nehmen wir mal an, dass Sie an dieser Stelle noch unbelehrbar und beratungsresistent sind und

Ihnen die Euphorie, ähnlich wie Stress, jegliche Wahrnehmung verzerrt. Schauen wir uns einfach mal ein bisschen um – und siehe da: Mit Ihrem Wunsch, Ihrem Land den Rücken kehren zu wollen, sind Sie nicht allein. Die Auswanderstatistiken zeigen, dass im Jahr 2004 und 2005 über 150.000 deutsche Bundesbürger – Ihre Leidensgenossen! – ihr wunderbares Heimatland verlassen haben: so viele, wie seit dem 19. Jahrhundert nicht mehr. Auswandern gehört schon seit Menschengedenken zu den Bewältigungsstrategien für allerlei Krisensituationen (Hungersnöte, wirtschaftliches Elend, kein Platz, Verfolgung). Sehen wir uns also die Beweggründe der Auswanderer etwas genauer an. Schließlich sollen Sie hier ja etwas lernen.

Was waren also die Motive derer, die ausgewandert sind, und – noch viel wichtiger! –haben sich ihre hoch gesteckten Ziele erfüllt? Ganz oben auf der Hitliste der Gründe fürs Auswandern steht, dass das jeweilige Traumland mehr Möglichkeiten bietet, sich zu entfalten. Aha. Man fühlt sich hier in Deutschland also reguliert und eingeengt – was bei mehr als 82 Millionen Menschen auf einer Fläche von etwas über 357.000 Quadratkilometern einer Bevölkerungsdichte von 230 Einwohnern pro Quadratkilometer entspricht und somit auch nicht ganz von der Hand zu weisen ist. Verteilt man alle Bundesbürger gleichmäßig über das Land, befinden sich alle zumindest in Rufweite zueinander.

Vergleicht man das mit Australien – zugegeben: ein richtig fieser Vergleich! –, kommen dem unter klaustrophobischen

Gefühlen leidenden Deutschen gerne mal die Tränen: In Australien leben 21 Millionen Menschen auf knapp acht Millionen Quadratkilometern, d. h. pro Quadratkilometer tummeln sich gerade einmal 2,7 Menschen. Mit Rufweite hat das nicht mehr viel zu tun. Wer dorthin auswandert, dürfte mehr Platz als genug haben, sich zu entfalten. Man braucht allerdings entweder gutes Schuhwerk, um bei seinem Nachbarn auf ein Tässchen Tee vorbeischauen zu können, oder ein geländegängiges Auto, das einen zum nächsten Artgenossen bringt – und wer nicht gerade an der Küste lebt, braucht selbst mit dem Auto mehrere Tage, bis ein nachbarschaftlicher Plausch stattfinden kann.

Aber zurück zu den Beweggründen der Auswanderer: Zu viel Bürokratie und zu viele Vorschriften gäbe es hier in Deutschland, da helfe doch nur eins – nichts wie weg. Haha, selten so gelacht! Glauben Sie wirklich, dass in irgendeinem anderen Land Ihre Steuererklärung auf einen Bierdeckel passt? Selbst wenn es das tatsächlich geben sollte: Trotzdem müssen Sie das Steuerrecht des Ihrer Meinung nach deregulierten Landes erst einmal verstehen. Dass Sie hier bestimmte Kosten schon seit Jahren absetzen, muss in einem anderen Land noch lange nicht Usus sein. Seien Sie versichert: Egal, mit welchem (Steuer-)system Sie es zu tun kriegen: Sie brauchen Hilfe.

Machen Sie mal in Dubai, Australien oder China Ihre Steuererklärung, melden Sie dort ein Auto an oder kaufen Sie ein Haus: Die Anzahl der Fragezeichen über Ihrem rauchenden Kopf wird immens sein. Manche Dinge werden Sie aussitzen können – aber nur so lange, bis Ihnen Ihr neuer Arbeitgeber die Frage stellt, in welchen tollen Fonds Sie denn Ihre Rentenansprüche einzahlen wollen oder bis Sie einen ruppigen Brief vom Finanzamt bekommen mit der Aufforderung, nun doch endlich Ihre Steuererklärung abzugeben, und zwar auf dem beigelegten zwanzigseitigen Formular. Viel Spaß dabei!

Apropos Australien: Der so genannte Skilled-Visa-Prozess, den man durchlaufen muss, wenn man dort einwandern will, sucht in Sachen Bürokratiewahnsinn wirklich seinesgleichen! Wenn Sie sich darauf einlassen, werden Sie schnell feststellen, dass Ihr deutscher Bürokratiefrust und die gefühlte Überregulierung auch nur relativ sind. Lassen Sie es sich gesagt sein: Eine Bürokratie, in der und mit der

man aufgewachsen ist und die einem vertraut ist, bewahrt einen vor so manchem Tobsuchtsanfall.

Das Sommermärchen – schon vergessen?

Der am dritthäufigsten genannte Beweggrund der Auswanderwilligen ist – Sie werden es kaum glauben – die pessimistische Grundstimmung in Deutschland. Dazu fällt mir nur ein: Ich möchte nicht im Jahr 2005 als Banker nach Amerika gegangen sein und dort den Verfall des globalen Finanzsystems am eigenen Leib verspürt haben müssen – mittendrin statt nur dabei. Wenn einer glaubt, die Deutschen seien so pessimistisch und alle anderen permanent gut drauf, der sollte sich mal wirklich gründlich im Ausland umschauen. In New York stehen gerade Tausende von Bankern auf der Straße und bewerben sich um eine Handvoll Jobs bei der städtischen Feuerwehr! Allzu optimistisch dürfte deren Blick in die Zukunft nicht gerade ausfallen. Von der Stimmung bei GM und Chrysler mal ganz zu schweigen. Auch leben mittlerweile viele US-Bürger wieder auf dem Campingplatz, weil Fannie Mae und Freddie Mac aus reinem Eigeninteresse deren Häuser schon verpfändet haben. Lebensqualität sieht anders aus. Und Optimismus macht sich dort zur Zeit ganz sicher nicht breit.

Mal ganz abgesehen davon: Haben die unter der ach so pessimistischen Grundstimmung in Deutschland leidenden

Menschen alle vergessen, was im Sommer 2006 passiert ist? Erinnern Sie sich noch? Richtig – das deutsche Sommermärchen! In diesen fantastischen vier Wochen der Fußballweltmeisterschaft war landauf, landab von Pessimismus nichts zu spüren, sondern tatsächlich nur das hier: pure Lebensfreude! Und die ist im Übrigen vollkommen losgelöst davon, ob man nun gerade in südlichen Gefilden an einem Strand sitzt und aufs Meer hinausschauen kann. Lebensfreude und Lebensqualität entstehen zum Beispiel durch ein enges und tragfähiges Netzwerk an Freunden, durch kulinarische Genüsse, durch den in unseren Breiten üblichen Wechsel der Jahreszeiten – und durch verfügbare Zeit, all das ausgiebig zu genießen.

Die Motive der Auswanderer waren aber auch noch andere: zu hohe Steuern und Abgaben, zum Beispiel. Dazu kann ich nur sagen: Wenn man so viel verdient wie eine Lehrerin in Kuba (siehe „Mythos Auswandern in Zahlen“), relativieren sich solche Abgaben ganz schnell. Viele Auswanderwillige verspüren aber auch Enttäuschung über deutsche Politiker. Im Ernst? Nun, es werden Jahre vergehen bis Sie die Politiker, die Ihr neues Land regieren, überhaupt erkennen, und weitere Jahrzehnte, bis Sie einschätzen können, ob es sich überhaupt lohnt, enttäuscht zu sein. Insofern ist Auswandern natürlich eine gute Alternative zur Politikverdrossenheit: Man kommt gar nicht mehr in die Verlegenheit, sich eine Meinung über die jeweilige Landespolitik bilden zu können.

Schlechte Zukunftsaussichten in Deutschland und die Sorge um den eigenen Arbeitsplatz treibt ebenfalls viele Deutsche ins Ausland. Sicher: Wenn Sie schon immer mal in einer Kneipe oder als Tellerwäscher arbeiten wollten, sollte Ihnen das im Ausland relativ mühelos gelingen. Haben Sie allerdings höhere Ambitionen, brauchen Sie mehr als nur einen langen Atem. Eine leichte Übung ist das in keinem Fall! Mehr dazu lesen Sie im nächsten Kapitel.

Deutsch ist nicht gleich Deutsch

Auch immer wieder gern angeführt auf der Hitliste der Gründe fürs Auswandern: das zu erwartende schlechte soziale Klima in Deutschland. Mit Verlaub: Das ist Leiden auf einem ziemlich hohen Niveau. Deutschland hat eines der besten Sozialsysteme der Welt, auch wenn das niemand so recht wahrhaben will. In jedem anderen Land hätten Sie erst einmal überhaupt keine Ansprüche auf jegliche Art von sozialen Leistungen. Und wer tatsächlich im Ausland in eine Notlage kommt, ist in der Regel sehr froh, dass ihm in Deutschland staatliche Unterstützung zusteht und deshalb schneller wieder hier, als er sich je hat träumen lassen.

Kommen wir zu Platz 10 der Hitliste mit den Auswanderungsmotiven – die besseren Aussichten und Ausbildungschancen für die Kinder. Ich gebe zu: Das ist der erste und auch der einzige Punkt, den ich auf dieser Liste gelten lasse. Australien ist hier auch wieder ein sehr gutes Beispiel: Es gibt Kindergärten, so weit das Auge reicht, und diese bieten eine Qualität der Betreuung, auf die wir hier in Deutschland vermutlich noch Jahre warten müssen. Das Schulsystem ist auf Bedürfnisse von Familien ausgerichtet, in denen beide Elternteile arbeiten gehen, und einen PISA-Vergleich muss es auch nicht scheuen, im Gegenteil! Dass ich mit meiner Familie wieder nach Deutschland zurückgekehrt bin, tut mir deshalb gerade für meine Tochter sehr leid.

Es gibt außerdem eine schöne Statistik darüber, welche Länder die Auswanderwilligen bevorzugt haben. Ganz oben stehen USA und Kanada – klar, hier sind die Sprachbarrieren nicht sehr hoch, schließlich lernen wir alle seit Kindertagen Englisch.

Direkt danach kommen die Alpenländer aus denselben Gründen – Moment mal! Sicher waren Sie schon einmal in der Schweiz oder in Österreich, um dort Ferien zu machen, oder? Aber haben Sie schon mal abseits der Touristenströme versucht, in Kontakt mit der Arbeits- und Alltagswelt der Österreicher und Schweizer zu treten und die sprachlichen Feinheiten zu verstehen? Das Schweizerdeutsch ist sowohl phonetisch als auch in der schriftlichen Form eine Herausforderung, die mit einer normalen Sprachlernmethodik nicht zu meistern ist. Und mal abgesehen davon kann man am Fauxpas unseres seinerzeit allseits geschätzten Bundesfinanzministers Peer Steinbrück erkennen, dass sich

Schweizer und Deutsche nicht sonderlich gut verstehen – obwohl sie dieselbe Sprache sprechen. Zwischen „verstehen“ und „verstehen“ liegen nun mal Welten.

Weitere EU-Länder folgen auf der Liste mit den Top-Auswandererzielen, dann kommt auch schon auf Platz 7 Australien und Neuseeland, gefolgt von China – wobei ich bei letztgenanntem Land glaube, dass über 80 Prozent der Auswanderwilligen das nicht auf eigene Faust machen, sondern beispielsweise im Auftrag ihres Arbeitgebers.

Und? Wo zieht es Sie hin? Sind Sie immer noch euphorisch und auswanderwütig? Kein kleines Zaudern und Zögern zu verspüren? Na gut – machen wir einfach mal weiter.

DIE VORBEREITUNG

Das Lachen wird Ihnen noch schnell genug vergehen!

Sie wollen also ran an das große Abenteuer Auswandern. Mit allen Konsequenzen. Ihre Heimat verlassen. Ihren Hausstand auflösen. Zweitausendsiebenhundertunddreiundzwanzig Dinge verkaufen, verschenken oder dem Endlager zuschlagen. Die letzten verbliebenen sieben Sachen packen und auf Nimmerwiedersehen verschwinden. Gut.

Jährliche Neustartgarantie

Dann fangen wir mal mit der Länderwahl an. Haben Sie sich schon eine Matrix zurechtgelegt mit den Kriterien, die für Sie eine Rolle spielen? Nein? Dann aber mal los! Ist Ihr Traumland ein Land des Ursprungs, in dem Sie gemeinsam mit den Ureinwohnern Speerspitzen schnitzen und auf Antilopenjagd gehen wollen? Oder zieht es Sie doch eher nach Thailand, weil da die Strände so schön sind? Vielleicht gelüstet es Sie ja auch, den kleinsten Biergarten der Welt im Süden Spaniens zu eröffnen? Oder wollen Sie lieber in die eisige Kälte und endlosen Weiten Kanadas eintauchen, wo Sie bis zum nächsten Supermarkt zwei Flugstunden mit Ihrer Cessna brauchen?

Stimmt – den amerikanischen Traum gibt es ja auch noch. Inklusive jährlicher Neustartgarantie, weil Ihr Haus mal wieder irgendeinem Orkan nicht standgehalten hat. Sie wissen schon, dass den Wetterfröschen, die den lieben Hurrikans so wohlklingende, angstnehmende Namen wie „Kathrina" geben, letztes Jahr die Buchstaben im Alphabet ausgegangen sind und sie danach Doppelnamen vergeben mussten, oder nicht? Es muss aber nicht immer ein Hurrikan sein – natürlich besteht auch die Möglichkeit, sich in Wyoming ab und zu von einem Tornado kostenlos und mit 300 Sachen in eine andere Umgebung versetzen zu lassen. Nageln Sie dann einfach Ihre Holzbude wieder zusammen und warten Sie auf die nächste Überraschung!

Eine tolle Alternative zum American Way of Life ist übrigens Dubai. Dort gibt es richtig billigen Baugrund! Und wenn Sie Glück haben, können Sie auf dem Flughafenparkplatz eine Limousine abstauben, die ein ehemaliger Neureicher und jetzt Neuarmer samt Schlüssel hat stehen lassen, weil er nur noch eins wollte: nämlich nichts wie weg. Ach ja, und Einkaufen macht in Dubai so richtig Spaß! Denn Sie stehen garantiert immer an der richtigen Kasse an. Warteschlagen? Fehlanzeige. Denn es ist ja eh keiner mehr da, der vor Ihnen anstehen könnte.

Asien – Asien wäre doch toll, meinen Sie? Sicher. Vor allem für ein Auswanderer-Greenhorn wie Sie. Wenn Sie sich dann noch wie Bob Harris (alias Bill Murray im Film „Lost in Translation") über das akzentreiche Englisch der

Japaner lustig machen, dann können Sie sicher sein: Auf genau Sie hat man da nur gewartet! Überhaupt Asien! Haben Sie sich dort schon einmal auf Jobsuche gemacht? Schulter an Schulter (oder wahrscheinlich eher Wohlstandsbauch – Ihrer! – an – asiatischer – Schulter) durch die Jobbörsenmessehallen geschoben, um dann souverän in Landessprache, natürlich unter Berücksichtigung des lokalen Dialektes, ein Bewerbungsgespräch zu führen und auf Platz 756 für den Job als Hausmeister, sorry: Property Manager oder 地产 (dìchǎn) 经理 (jīnglǐ) zu landen? Dann freuen Sie sich schon jetzt darauf! Wenn Sie also schon immer mal in der Masse untergehen und die richtige Relativität Ihrer Daseinsberechtigung kennenlernen wollten, ist China als Emerging Country genau das Richtige für Sie. Natürlich können Sie auch nach Indien auswandern und bis an das Ende Ihrer Tage meditieren und über den Sinn Ihres kleinen bescheidenen Lebens nachdenken.

Straßenkämpfe hautnah und in echt

Fast hätte ich es vergessen – das Auswanderland Nummer 1 für den seines Heimatlandes überdrüssigen und genervten Deutschen, zumindest in seinen Träumen. Tatsächlich hinzukommen, geling nämlich nur wenigen. Sie ahnen es schon: Es ist Australien. Das Land mit der geringsten Dichte an Sehenswürdigkeiten. Das glauben Sie nicht? Gut, machen wir einen kleinen Test: Zählen Sie einmal fünf Sehenswürdigkeiten auf, die sich auf diesem riesigen Kontinent befinden. Uluru (für die nicht so bewanderten Leser: Ayers Rock), Sydney Opera und Great Barrier Reef zählen ausnahmsweise einmal nicht mit ... Und? Fällt Ihnen etwas ein? Nein? Sehen Sie! Ich souffliere also ein bisschen: Da wären beispielsweise Probies Grave, der Fig Tree, Staircase to the Moon, Birdsville Hotel, Simpson Desert, Fraser Island und Flinders Ranges. Davon haben Sie tatsächlich noch nie etwas gehört? Dachte ich es mir doch. Dabei sind diese Sehenswürdigkeiten im Land down under richtig wichtig! Und wenn Sie diese bedeutsamen Monumente alle abgeklappert haben, können Sie entweder wieder heimfliegen oder sich für den Rest Ihres Auswandererlebens Cricket anschauen. Aber, Achtung! Eine Cricketpartie dauert locker fünf Tage, vorher steht der Gewinner keinesfalls fest.

Australien ist auf jeden Fall das Land der Wahl, wenn Sie schon immer mal eine Sauna in Ihrem Keller einbauen wollten, damit Sie in den acht bis neun kalten Monaten in Deutschland nicht nur frieren müssen, sondern auch mal ins

Schwitzen kommen. In Australien bekommen Sie nämlich genau dieses Saunagefühl, ohne dafür auch nur eine Schraube ins Holz drehen zu müssen, zumindest in der nördlichen Hälfte des Kontinents: Dort schwitzt man mindestens acht Monate im Jahr, als säße man in seiner eigenen Sauna.

Auch Südafrika stellt sicherlich eine Option für den auswanderwilligen Zeitgenossen dar. Der Vorteil hier: Sie müssen nie mehr einen Krimi im Fernsehen anschauen! Straßenkämpfe bekommen Sie hier nämlich täglich hautnah und leibhaftig geboten! Sie können erleben, wie man zur Mittagszeit eine in einem Glas zerbröselte DVD vor Ihrem offenen Fenster anzündet und wie die Dämpfe Sie für eine gewisse Zeit in süße Träume entsenden. Sensationell! Und wenn Sie dann wieder zu sich kommen, können Sie sich Gedanken über eine neue Wohnungseinrichtung machen, denn während Sie selig schlummerten, hat man Sie um Ihren kompletten Hausstand erleichtert. Südafrika ist wirklich spektakulär.

Doch warum so sehr in die Ferne schweifen – schließlich bietet Europa ebenfalls attraktive Auswanderdestinationen. Mal sehen, wie lange Sie in Ihrem Alter brauchen, um die jeweilige Fremdsprache zu erlernen – Rumänisch? Portugiesisch? Finnisch? –, und ob die Entfernung ausreicht, die Besuche Ihrer ach so geliebten Schwiegereltern etwas einzudämmen. Ryan Air kann auch durchaus Nachteile haben! Wenn Sie sich für ein europäisches Land entscheiden, wer-

den Sie es sicher auch zu schätzen wissen, dass Sie die europäische Regulierungswut weiterhin uneingeschränkt genießen können. Immerhin haben es die Europäer nach etlichen Jahrzehnten geschafft, den Notruf auf 112 zu vereinheitlichen.

Wenn Ihnen das alles immer noch nicht passt, dann können Sie natürlich jederzeit nach Argentinien gehen, eine Rinderfarm kaufen und zusehen, wie Ihr Geld jedes Jahr 10 Prozent an Wert verliert. Und dann gibt es noch über 160 weitere Länder, die Ihnen zur Auswahl stehen – wenn Sie glauben, dass das Land alleine entscheidend ist. Möglichkeiten gibt es viele, aber: Mit den Chancen steigen natürlich die Risiken!

Ich will rein!

Nun gut – Sie haben also Ihr Traumland entdeckt und sich entschieden, dorthin auszuwandern. Netter Plan. Denn ob man Sie auch einwandern lässt, ist ja noch längst nicht gesagt. Dürfen Sie da überhaupt rein? – das ist die alles entscheidende Frage. Auch wenn Sie sich nun fast schon unangenehm an die ersten erfolglosen Versuche erinnern, in den angesagten Club der Stadt zu kommen, obwohl Sie weder das erforderliche Alter noch die passende Garderobe oder gar die dafür nötige Einladung hatten – der Unterschied ist gar nicht so groß. Das Land, in das Sie einzuwandern gedenken, ist so etwas wie der begehrte Club, in den Sie unbedingt reinwollen – und dazu müssen Sie es erst mal am Türsteher vorbei schaffen, der natürlich nur auf so jemand wie Sie gewartet hat, völlig klar.

Einreise- und Visabestimmungen können Ihren rosaroten Luftballon schneller zum Platzen bringen, als Ihnen lieb ist – sofern Sie sich nicht für ein EU-Land entschieden haben. Manche Länder nehmen Sie vorsichtshalber an der Grenze in Gewahrsam, andere schicken Sie gleich wieder heim und bei wieder anderen müssen Sie sich durch einen mehr als ein Jahr dauernden Prozess kämpfen – nur damit Sie am Ende den teuersten Aufkleber Ihres Lebens in Ihren Pass kleben können, der Sie gnädigerweise berechtigt, in Ihr Traumland überzusiedeln.

Glauben Sie mir, es ist ein verdammt kompliziertes, langwieriges und vor allem teures Projekt mit ungewissem Ausgang – und in den meisten Fällen „not in time“ und „not in budget“. Von nervenaufreibenden, ehegefährdenden Nächten mal ganz zu schweigen, in denen Sie Berge von Unterlagen sortieren, diese in eine Vielzahl von Ordnern abzuheften versuchen, was irgendwann dazu führt, dass Ihr Partner, der gestern noch die fünf erforderlichen Punkte in der Visakalkulation beisteuerte, am nächsten Tag total entnervt vor Ihnen und diesem wahnwitzigen Projekt das Weite sucht.

Apropos Kosten – wofür denn eigentlich? Nun, da kommt eine Menge zusammen: Visagebühren der unterschiedlichsten Behörden des Landes, Übersetzungskosten für Lebensläufe, Zeugnisse jeglicher Art, Beförderungsschreiben, diverse Geburts- und Heiratsurkunden. Wer selbstständig ist, muss sich darauf einrichten, dass sämtliche Bilanzen zertifiziert übersetzt werden müssen, außerdem Rechnungen und Empfehlungsschreiben, die belegen, dass man tatsächlich in seinem Beruf gearbeitet hat. Auch Sprachtests, die man vorab absolvieren muss, kosten Geld. Und das alles kostet zusätzlich Zeit, die man an allen Ecken und Enden einsparen muss – zum Beispiel bei gemeinsamen Aktivitäten mit Freunden. Aber das schadet ja nichts, daran müssen Sie sich sowieso gewöhnen. Schließlich wollen Sie ja auswandern und werden Ihre Freunde nicht mehr allzuoft sehen.

Ich verspreche Ihnen: Selbst wenn Sie sich bis zu diesem Punkt vorgekämpft haben, wird Ihnen in dieser Phase die Lust vergehen. Da hatten Sie nun diesen Traum vom Auswandern und nun sortieren Sie nächtelang Unterlagen. Schicken dicke Papierstapel um die halbe Welt, deren Übersetzung Sie ein kleines Vermögen gekostet hat. Warten monatelang auf Antwort. Stellen mittendrin auf einmal fest, dass die Visabehörde Ihnen schon vor zehn Wochen eine Mail geschickt hat, mit der Bitte, bestimmte Unterlagen innerhalb der nächsten 30 Tage einzureichen – und dass diese Mail einfach im Spamordner hängengeblieben ist. Also noch mal alles von vorn.

Wenn Sie diese Phase überstanden haben – indem Sie sich vielleicht mit der Lektüre von Reiseführern mental über Wasser gehalten haben – und dann am Ende das Visum für das begehrte Land in Ihrem Reisepass prangt, dann lehnen Sie sich bitte zurück und genießen diesen Moment. Er wird Sie alle Strapazen bis dahin vergessen lassen: die Zeit, das Geld, die Arbeit, einfach alles, denn nun steht Ihnen zwar nicht die Welt, aber zumindest ein zusätzliches Land offen.

In den ersten Tagen danach werden sämtliche Glückshormone, die es gibt, Sie in einen rauschähnlichen Zustand versetzen. Sie können Ihr Glück nicht fassen und würden am liebsten sofort unserem tristen, grauen Land und Ihrem Alltag den Rücken kehren. Ich empfehle Ihnen: Setzen Sie sich mit einer dicken Cohiba und dem teuersten Whiskey, den Sie auftreiben können, vor den Kamin und kosten Sie

diesen Zustand aus, intensiv und ausführlich. Das Lachen wird Ihnen nämlich noch schnell genug vergehen.

Explodierende Kosten

Denn kaum haben sich die Hormone wieder auf ein Normalmaß eingependelt, geht es an die eigentliche Vorbereitung. Und die beginnt mit den Finanzen. Was kostet Sie dieser ganze Spaß eigentlich – von den Kosten für die Visabeschaffung einmal abgesehen? Spätestens jetzt müssen Sie überlegen, welche finanziellen Verpflichtungen und vor allem welche finanziellen Altlasten Sie mit sich rumschleppen. Nehmen Sie sich doch einfach mal eine Tabelle und einen Ihrer monatlichen Kontoauszüge und schreiben Sie alle Ausgaben auf die linke Seite: private Krankenversicherungen, Lebensversicherungen, Kreditraten für Ihr noch unbezahltes Dach über dem Kopf – hier geht es im Wesentlichen um die Kosten und Verträge, aus denen Sie nicht ohne Weiteres aussteigen können, weil sonst Kündigungsprämien oder hohe Verluste drohen. Stromrechnungen und die heimlichen Beate-Uhse-Käufe können Sie hier einmal außen vor lassen.

Apropos private Krankenversicherung: Ziehen Sie durchaus in Betracht, dass Sie nicht für immer auswandern, und fragen Sie Ihre Versicherung einfach mal, was es kostet, wenn Sie nach ein paar Jahren zurückkommen und wieder in den

Versicherungsvertrag einsteigen wollen. Ihnen wird der Unterkiefer herunterklappen, das kann ich Ihnen jetzt schon sagen! Anwartschaftversicherung heißt übrigens das Stichwort – nur für den Fall, dass Sie das noch nicht wissen. Ähnliches gilt für Ihre Kreditzahlungen für die Immobilienfinanzierung. Auch hier werden Sie schnell feststellen, dass Sie den Kredit nicht so einfach auflösen können bzw. nur zum Preis hoher Verluste. „Ich muss meine Immobilie doch nicht verkaufen, wenn ich weggehe, ich kann sie doch genauso gut vermieten!“ – ist es das, was Sie denken? Auch gut! Dann vergessen Sie aber bitte nicht, dass die Kosten für die gesamte Verwaltung mit jedem Kilometer steigen, den Sie zwischen sich und Ihr Eigentum bringen.

Sie werden also sehr schnell einige Kostenblöcke identifizieren, die Ihnen erhalten bleiben, obwohl Sie ja in ein anderes Land umziehen. Sie müssen überlegen, wie und von was Sie diese Kosten bestreiten wollen. Wenn Sie zu den typischen Deutschen gehören, die Monat für Monat ungefähr zehn Prozent ihres tapfer erwirtschafteten Einkommens auf die Seite legen, haben Sie vielleicht ein ganz nettes Polster angespart, das Sie für eine gewisse Zeit über die Runden bringt. Allerdings: Ihre Ersparnisse werden sich ziemlich schnell in Luft auflösen, wenn sie schon regelmäßig geschröpft werden und Sie nicht sofort ein adäquates Einkommen im neuen Heimatland erwirtschaften – und davon müssen Sie erst einmal ausgehen.

Und natürlich kann ich Ihnen das Thema Währungsrisiko an dieser Stelle nicht ersparen. Währungswas? Währungswie? Gut, ich sehe, Sie brauchen hier noch etwas Nachhilfe. Dann mal los: Die Kosten, die im Heimatland bestehen bleiben (Anwartschaftversicherung, Lebensversicherung, Kreditraten etc.) müssen Sie in Euro bezahlen. Ihre Einnahmen im neuen Land erhalten Sie allerdings in der dort herrschenden Landeswährung. Die beiden Währungen unterliegen dem sogenannten Umrechnungskurs, und der verändert sich nahezu sekündlich.

Nehmen wir also einmal an, dass Sie in Ihrem neuen Heimatland Dollar verdienen. Und nehmen wir weiterhin an, dass dieser Dollar zum Zeitpunkt Ihrer Auswanderung ungefähr einen Euro wert ist. Nun geht etwas Zeit ins Land und die Weltwirtschaft treibt so allerlei Kapriolen. Irgendwann stellen Sie fest, dass Sie mittlerweile zwei Dollar auf den Tisch der Bank legen müssen, um einen Euro zu bekommen. Das heißt, dass Sie nun doppelt so viel hinblättern müssen, um die in der alten Heimat munter weiterlaufenden Kosten begleichen zu können. Und das bei gleichbleibend niedrigem Dollar-Gehalt! Geben Sie es zu: Ein solches Szenario haben Sie bei Ihren hochfliegenden Auswanderträumen nicht berücksichtigt, stimmt's?

Wer heult zuerst?

Wenn Sie nicht gerade Rentner geworden oder unter 16 sind, haben Sie vermutlich einen Job. Jetzt gilt es natürlich die spannende Frage zu beantworten: Wann und wie sagen Sie Ihrem Chef, dass Sie kündigen wollen? Sie können natürlich von heute auf morgen einfach nicht mehr hingehen. Sie wollen ja eh auswandern, also wen schert es, wo Sie, als kleines, unwichtiges, ersetzbares Rädchen im Getriebe, abgeblieben sind? Sie können natürlich auch Ihre Motorradmontur anlegen – vergessen Sie den Helm nicht! – und sich derart gewappnet der Begegnung mit Ihrem Chef stellen. Und ganz gelassen den Kaktus an sich abprallen lassen, den er erwartungsgemäß in Ihre Richtung geworfen hat. Vielleicht ist Ihr Chef ja auch freudig überrascht von Ihrer Kündigung – dann haben Sie die Motorradkluft ganz umsonst angezogen.

Wie auch immer: Die beiden Autoren des Auswandererberichts „In 18 Jahren um die Welt“, Claudia Metz und Klaus Schubert, empfahlen vor vielen Jahren in einem ihrer Vorträge, sich einen Zeitpunkt zu setzen und dann dem Chef ganz nüchtern und sachlich die Kündigung zu überreichen. Punkt. Wer schon an dieser Stelle ein wankelmütiges Gemüt beweist und sich von einem langen Chef-Gesicht beeindrucken lässt, wird die Vorwürfe und Tränen der engsten Freunde und der Familie erst recht nicht aushalten und sollte seinen Plan wirklich noch einmal überdenken!

Aber Achtung! Bevor Sie mit Ihrem Chef sprechen, sollten Sie Ihre Rentenanwartschaften und etwaige Fristen kritisch unter die Lupe nehmen. Nicht dass Sie mit breiter Brust vor ihren Chef treten und ihm nicht nur die Kündigung überreichen, sondern ihm bei der Gelegenheit auch noch gleich das vor den Latz knallen, was Sie ihm schon immer mal sagen wollten – nur um dann ernüchtert festzustellen, dass Sie wegen des Anrechts auf Betriebsrente besser noch sechs Monate damit gewartet hätten.

Ihr Chef weiß nun also, was Sie vorhaben. Nun sind die anderen dran. Oder wollen Sie es Freunden und Familie zuerst sagen? Machen Sie es, wie Sie es für richtig halten. Am Ende ist es vollkommen egal, wer zuerst heult. Und angenehm wird es für Sie so oder so nicht, das verspreche ich Ihnen. Zumindest bei der Familie. Mit jedem Kilometer Entfernung, den Sie zwischen sich und Ihre Lieben zu legen planen, werden mehr Tränen vergossen. Stellen Sie sich getrost auf Schimpftiraden ein! Die wird man Ihnen aus den unterschiedlichsten Gründen um die Ohren hauen: Sei es, dass Sie Ihrem Vaterland – für das noch Ihr Großvater in den Krieg gezogen ist! –, den Rücken kehren, sei es, dass Sie Ihrem Kind großes Leid zufügen, indem Sie es während der wichtigsten Entwicklungsphase aus den gewohnten Strukturen reißen. Nie vergessen werde man das Ihnen!, so heißt es.

Vielleicht kommt es aber auch alles ganz anders und Sie müssen sich keine Schimpftiraden anhören, aber dafür stumme Tränen anschauen. Auch nicht schön. Das ist einer der Momente, in denen Sie sich den euphorischen Zustand wieder ins Gedächtnis rufen sollten, in dem Sie waren, als Sie das Visum bekommen haben. Sie wollen weg! Wenn Sie sich die Tränen Ihrer Familie zu sehr zu Herzen nehmen, wird das nichts!

Ihre Freunde werden ein bisschen anders reagieren, da bin ich mir sicher. Manche werden einfach nur den Kopf schütteln, an Ihrem Verstand zweifeln und prognostizieren, dass Sie eh bald wieder zurück sind. Viele werden Ihre Pläne ganz toll finden, zumindest vordergründig. Schließlich haben sie ja dann ein kostenloses Domizil in einem anderen Land, und malen sich jetzt schon aus, wie schön das wird, wenn sie Sie erst besuchen kommen. Dazu nur kurz: Auch wenn da ein Wille ist – den Weg finden die meisten dann doch nicht. Selbst, wenn Sie in ein gut erreichbares Land auswandern. Irgendwas ist immer, mal fehlt die Zeit, mal

das Geld, und schwupps, ist wieder ein Jahr vorbei. Aus den Augen, aus dem Sinn – sehr traurig, aber wahr!

Nun haben Sie es allen gesagt. Gut. Sehr gut. Das heißt, Sie haben sich langsam mit dem Thema identifiziert und machen gerade den ersten Schritt Richtung zurück in die Heimat. Ja, Sie haben richtig gelesen. Denn trotz aller Euphorie werden auch Sie selbst die eine oder andere Träne vergießen ob des nahenden Abschieds. Auch Sie werden nachdenklich. Aber der Druck steigt. Sie haben gesagt, dass Sie gehen, also können Sie jetzt nicht mehr umschwenken. Es hätte was von Scheitern. Nicht? Na ja, ich sehe, Sie sind wohl noch nicht so weit.

Befreien Sie sich von Ballast!

Jetzt bleiben also noch Sie selbst. Sie haben zwar gekündigt, Ihre Kinder sind aus der Schule oder vom Kindergarten abgemeldet. Aber was ist mit Ihrem Hausstand? Wollen Sie wirklich den ganzen über Jahre angesammelten Schrott mitnehmen. Was meinen Sie? Sie haben keinen Schrott? Dann gehen Sie mal durch Ihr Haus oder Ihre Wohnung und schauen Sie genau hin. Gehen Sie in jedes Zimmer, auch das Arbeitszimmer und den Hobbykeller und natürlich die Garage. Und nehmen Sie alles sehr gründlich in Augenschein. Versuchen Sie mal, sich in einen der stämmigen Umzugsfachmänner hinein zu versetzen, die die Anzahl der

Kisten schätzen sollen, die Sie von A nach B umziehen wollen. Sie werden staunen!

Wenn man dem Auswandern etwas Positives abgewinnen kann, dann ist es der Zwang und die Möglichkeit, sich überflüssigen Ballasts zu entledigen. Und vergessen Sie nicht: Jeder Kubikmeter, den Sie mitschleppen, kostet. Sie haben mindestens vier Möglichkeiten: 1. Alles verschenken. 2. Alles bei Ebay verkaufen. 3. Alles dem Müllcontainer überlassen. 4. Alles mitnehmen.

Verschenken fällt schwer und ist einfach. Schwer, weil Sie sich trennen müssen und wahrscheinlich hin- und hergerissen sind, ob Sie den tollen Tisch, den Sie sich von Ihrem ersten Lehrlingsgehalt gekauft haben, wirklich an die beste Freundin Ihrer Frau geben wollen. Verschenken ist aber auch einfach, denn der Beschenkte kommt, packt den Schrank ein, bedankt sich mit blumigen Worten und einem Küsschen, und das war's. Das kostet Sie nichts und Sie müssen nichts schleppen.

Sie können aber auch Ihren Hausstand bei Ebay verkloppen. Ein Alptraum, kann ich da nur sagen. Versuchen Sie mal, innerhalb kürzester Zeit eine zweistellige Anzahl von Artefakten und liebgewonnenen Hinterlassenschaften in Ebay einzustellen, mit einem Foto zu versehen, detailliert zu beschreiben, Portokosten zu berechnen, Fragen während der Auktion zu beantworten, die Dinge sofort nach Auktionsende zu verpacken und zu verschicken, eventuell noch

Reklamationen zu bearbeiten und dann am Ende die Bewertungen auszufüllen. Ein Wahnsinn.

Dann doch lieber diese Lösung. Lassen Sie sich einen von diesen riesigen Baumüllcontainern vor die Tür stellen, und zwar im direkten Sturzwinkel zu den Fenstern in allen Etagen. Bereiten Sie die Nachbarn darauf vor, dass sie in den nächsten Wochen des Öfteren einen lauten Rumms hören werden – und dann ab mit Ihrem in langen Jahren angehäuften Plunder in den Container! Auf Nimmerwiedersehen! Ich verspreche Ihnen: Sie werden nichts vermissen.

Und irgendwann ist er dann da: der Tag, an dem der große Umzugswagen vor der Tür steht. Einige stämmige Männer werden in Ihrer Wohnung oder in Ihrem Haus die übrig gebliebenen und als unverzichtbar identifizierten Habseligkeiten transport- oder sogar hochseesicher verpacken.

Noch haben Sie die Möglichkeit, das alles abzubrechen. Noch ist Ihr Hausstand nicht in einen Container verladen und in Bremerhaven als einer unter 8.000 Containern auf ein Schiff verbracht worden, mit der Hoffnung, ihn im Zielhafen nach einigen Wochen heil und unversehrt wiederzufinden.

Wenn Ihr Hausstand erst mal im Bauch des Lasters oder in einem Container verschwunden ist und die netten Männer mit den dicken Armen die Tür hinter sich zugemacht haben, wird es schwierig, den einmal eingeschlagenen Weg zu verlassen.

Und dann ist sie zu – die Tür zu Ihrer ehemaligen Behausung. Stille umgibt Sie. Ihr Kopf und Ihr Herz sind voll mit Gedanken und Grübeleien darüber, ob das nun alles richtig war, was Sie da angezettelt haben. Ich kann Ihnen nur raten, lesen Sie weiter und machen Sie sich selbst ein Bild – und zwar bevor die Tür wirklich zugeht und Sie schon bis zum Hals im Abenteuer Auswandern stecken.

IM NEUEN LAND

Go hard or go home!

Nun sind sie da – die letzten Stunden vor Ihrer endgültigen Abreise, vor dem Aufbruch in Ihre neue Welt. Sie haben das Auto bis unters Wagendach gepackt oder sind auf dem Weg zum Flughafen. Die erlaubte Zuladung ist genau vermessen und aufs Gramm gewogen. Und Sie fühlen sich frei. Zum ersten Mal in Ihrem Leben gestehen Sie sich ein: All die Dinge, die Sie über die Jahre angesammelt haben, waren in Wirklichkeit nur eine Belastung. Jetzt sind sie verschenkt, verkauft, über die Republik verteilt – und Sie sind gefühlte 580 Kilo leichter, fast schwerelos.

Die Liebsten der Lieben teilen mit Ihnen diesen Moment. Es heißt Abschied nehmen. Auch von Ihrer 89-jährigen Oma, die am Straßenrand steht und verzweifelt und traurig ein letztes Mal hinter Ihnen herwinkt. Sie hat Ihnen viel Glück gewünscht und gesagt, dass Sie Ihr eigenes Leben leben sollen – und beim Wegfahren werden Sie das Gefühl nicht los, dass Sie sie wahrscheinlich nicht mehr wiedersehen werden.

Das letzte Abschiedsfoto mit denjenigen, die Sie noch zum Flughafen begleiten, zeigt so manches verheulte Auge. Das gehört nun mal dazu zu so einem echten Abschied – der

nicht nur bedeutet, dass Sie Ihren engsten Freunden und der Familie Lebewohl sagen, sondern auch Ihrem Heimatland. Baden Sie in diesen Emotionen! Sie werden diese Momente nie vergessen!

Genießen Sie dann den Blick aus dem fahrenden Auto oder schauen Sie noch mal zurück, wenn Sie über die Grenze fahren. Blicken Sie aus den kleinen Bullaugen des Flugzeugs – vielleicht haben Sie auch das Glück, eine Schleife über Ihrer ehemaligen Wohnung oder Ihrem Haus zu drehen. Fazit: Wenn Sie auf Adrenalinstöße stehen, dann wandern Sie aus – denn nie wieder heult es sich so schön!

Jetzt geht's los!

Eines verspreche ich Ihnen: Je mehr Kilometer Sie auf Ihrer Reise zwischen Ihren alten Heimatort und die neue Heimat bringen, desto leichter werden Sie Ihre Gedanken auf die Zukunft richten können. Das Neue und Ungewisse locken. Das Abenteuer kann losgehen!

Und ungewiss ist es in der Tat – speziell dann, wenn Sie es auf die harte Tour anpacken, sprich: ohne Rettungsanker und ohne konkrete Perspektive. Sich also ohne Job hinein in das neue Land wagen, ohne familiären Rückhalt oder soziales Umfeld, ohne auch nur zu wissen, in welcher Ecke des neuen Landes Sie sich niederlassen wollen (weswegen Sie Ihren Container auch erst einmal in die Hauptstadt geschickt haben).

Malen Sie sich diese Situation ruhig aus: Sie steigen aus dem Flugzeug oder aus dem Auto – und sind allein. Keiner holt Sie ab und heißt Sie mit offenen Armen willkommen. Sie sind nun definitiv in der Ferne und in der Fremde – da können Sie vorher noch so lange mit Google Earth virtuell durchs Land geflogen sein. Was nun? Die Stadt, das Land, vielleicht ein ganzer Kontinent steht Ihnen offen! Aber wohin nun und wie? Sicher: Eine Unterkunft hat wohl jeder halbwegs vernünftige Auswanderer für die ersten Tage gebucht – aber dann? Was wollen Sie als nächstes anpacken? So viele Fragen sind offen: Wo werden Sie wohnen,

was wollen Sie arbeiten, was mit der ganzen freien Zeit anfangen?

Wenn Sie noch nicht genau wissen, wo im neuen Land Sie sich niederlassen wollen und Sie Zeit und außerdem das Geld haben: Reisen Sie! Schauen Sie sich das Land an. Überprüfen Sie, ob die schöne neue Welt, die Sie sich zu Hause in den buntesten Farben ausgemalt haben, auch tatsächlich so schön ist.

Die Größe des Landes spielt bei der Entscheidung für oder gegen das Reisen sicherlich eine Rolle. In den Vereinigten Arabischen Emiraten lohnt es sich eindeutig, zu reisen und das Land, die Leute und die unendliche Weite der Wüste kennenzulernen. In Amerika sieht das schon wieder anders aus. Im Land der unbegrenzten Möglichkeiten können Sie natürlich auch unendlich viel reisen – so lange, bis Ihnen das Geld ausgeht oder das Visum abläuft. Dasselbe gilt auch für Australien, wobei Sie dort wahrscheinlich nur sechs oder sieben Großstädte anschauen müssen, um einen Eindruck zu bekommen. Das Dumme ist nur, dass diese Städte schon mal sechs Flugstunden voneinander entfernt liegen. Wenn Sie dort also mit dem Auto umherreisen, kann diese Reise zu einem mitunter mehrjährigen Unterfangen geraten. Aber vielleicht entdecken Sie dabei auch, dass das Outback ganz hübsch ist und Sie lieber in der trockenen Einsamkeit wohnen wollen als im Surferparadies an der Gold Coast.

Die Frage, die Sie sich generell stellen müssen: Reisen Sie, um die Natur und Menschen etc. zu sehen oder reisen Sie, um ein neues Zuhause ausfindig zu machen? Letzteres würde ich Ihnen sehr ans Herz legen. Wenn sich dabei das Angenehme mit dem Nützlichen verbinden lässt, umso besser.

In Australien beispielsweise können Sie gut in eine Stadt fliegen, ein paar Tage dort bleiben, sich einen Eindruck verschaffen und dann weiter in die nächste Stadt fliegen. Wenn Sie nicht gleich dem Charme der Sydney Opera und der Harbour Bridge erliegen, ist die Wahrscheinlichkeit groß, dass Sie sich schlussendlich für das schönere Melbourne oder das Tropen- und Lifestyleparadies Brisbane entscheiden. Um das Outback, das Great Barrier Reef und andere verstreute Sehenswürdigkeiten anzuschauen, bleibt Ihnen immer noch Zeit – natürlich in Abhängigkeit davon, wie viele Tage Urlaub Sie später aushandeln können.

Herzlich willkommen im Teufelskreis!

Während Sie reisen, werden Sie allerdings feststellen müssen, dass sich Ihr Geld so schnell verflüchtigt, als verheizten Sie es im Kamin. Ihr finanzielles Polster wird sich rasant in Luft auflösen. Mietwagen, Benzin, Essen, Campingplatz oder Motels etc. – da kommen schnell Summen zusammen, die Sie so nicht vorgesehen hatten. Dabei haben

Sie noch nicht mal mit der Jobsuche begonnen, sondern tingeln einfach so durchs Land, um ein Fleckchen Erde zu identifizieren, auf dem Sie sich niederlassen wollen. Und die Zeit vergeht nach der anfänglichen Orientierungslosigkeit dann doch ziemlich schnell, erst recht, wenn Sie sich an Ihr Vagabundenleben gewöhnt haben.

Irgendwann beginnen Sie also schon aus Kostengründen, sich um banalen Alltagskram zu kümmern – und damit auch im Alltag Ihres neuen Heimatlandes anzukommen: Es lohnt sich beispielsweise nicht, tagelang in Internetcafés herumzusitzen und deren exorbitante Gebühren zu zahlen oder in teuren Mietwagen durch die Gegend zu gondeln. Auch das Handy mit deutscher SIM-Card, das Sie womöglich mitgenommen haben, weil Sie nur ja keine der letzten Abschieds-SMS verpassen wollten, verursacht nach ein paar Wochen ärgerlich hohe Kosten.

Also muss als Erstes ein neues Handy her. Wenn Sie etwas anderes als PrePaid-Telefonkarten im Handy haben wollen, werden Sie sehr schnell feststellen, dass Ihnen für diesen Schritt noch einige Voraussetzungen fehlen: entweder das nötige Kleingeld und Kenntnis des jeweiligen Korruptionskreislaufs – oder die notwendigen Ausweise und Papiere, die Ihre Existenz beweisen. Aber Ihr deutscher Reisepass müsse Ihnen doch Tür und Tor öffnen, meinen Sie? Weit gefehlt. Ohne Social Security Card (USA), eine Rechnung Ihres lokalen Strom- oder Wasserlieferanten (unter anderem Australien) oder jeweils landesüblichen Führerschein geht das nun mal nicht. Und schon haben wir den schönsten Teufelskreis: Ohne das eine kriegen Sie das andere nicht, ohne das andere das eine nicht. Ohne lokale Rechnung, gestellt an Ihre Anschrift, kriegen Sie keinen lokalen Führerschein, ohne lokalen Führerschein keinen Mietvertrag und ohne Mietvertrag keine lokale Rechnung.

Jetzt können Sie sich natürlich die Haare raufen und sich selbst bemitleiden, weil Sie nicht die Puschelvariante des Auswanderns gewählt haben – Entsendung durch Ihren Arbeitgeber, Relocation Package inklusive. Sie können aber auch kreativ sein, ein bisschen Ausdauer beweisen und vor allem in Engelszungen auf Ihr behördliches Gegenüber einreden, solange, bis die Ihnen geben, was Sie wollen. Wetten, dass Sie danach mit einer kleinen Träne im Auge an die deutschen Behörden zurückdenken?

Eines haben Sie also in Ihrem neuen Alltag schon gelernt: Ohne Wohnung keine Strom- und Wasserrechnung, ohne Strom- und Wasserrechnung kein Führerschein, ohne Führerschein keine Wohnung und so weiter. An irgendeinem Punkt müssen Sie also ansetzen. Und überhaupt: Bevor Sie sich einen Job suchen, brauchen Sie ja so etwas ähnliches wie einen festen Wohnsitz. Freunde, bei denen Sie unterkriechen könnten, haben Sie nicht. Ins Hotel wollen Sie nicht, weil viel zu teuer. Eine Wohnung mieten können Sie auch nicht, weil Sie ja überhaupt noch nicht wissen, ob Sie in der auserwählten Stadt einen Job finden – also, was tun?

Seine Spur verlor sich am Ausgang des Campingplatzes ...

Die Lösung liegt nahe, zumindest in den Ländern, die klimatisch begünstigter sind als die mitteleuropäischen Breiten. Sie heißt: Campingplatz. Sehe ich da gerade Ihre Augenbrauen hochgehen? Keine Sorge, das ist durchaus ernst gemeint. Sie glauben gar nicht, was sich auf den stadtnahen Campingplätzen der bevorzugten Auswandererdestinationen alles so abspielt.

Stellen Sie sich also vor, Sie haben sich dort in einem kleinen Wohnwagen oder einem Wohnmobil häuslich eingerichtet und rüsten sich mental für Ihr neues Leben und den anstehenden Bewerbungsmarathon. Die einheimischen echten Reisenden, die Sie hier treffen, versorgen Sie mit den nötigen Durchhalteparolen („Go hard or go home!“). Von den Dauercampern hören Sie, dass hier Immigranten in ungeahnter Zahl gekommen und wieder gegangen sind – die meisten wieder zurück in ihr jeweiliges Heimatland, andere in andere Städte, um dort ihr Glück zu versuchen, einige wenige in ein erfolgreiches neues Leben. Die Spur verlor sich in fast allen Fällen am Ausgang des Campingplatzes.

Und in der Tat: Nachdem Sie einige Zeit auf dem Campingplatz verbracht haben, machen Sie so Ihre eigenen Beobachtungen. Wochenlang stehen kleine Campingbusse auf demselben Stellplatz. Deren Bewohner sind augenscheinlich keine Backpacker, Aussteiger oder Touristen. Sondern Immigranten, die denselben Plan haben wie Sie. Alle paar Tage tauschen die Bewohner ihre Shorts und verdreckten Campinghemden gegen eine schwarze Flanellhose und ein weißes Hemd und verlassen mit unbekanntem Ziel den Platz. Natürlich ist allen anderen Platzbewohnern klar, was hier passiert: Es steht wieder mal ein Bewerbungsgespräch an. Nach ein paar Stunden sind die Bewohner wieder da, lächelnd, erwartungsfroh, zuversichtlich, das Hemd verschwitzt und aus der Hose hängend. Ein paar Tage später zeugt dann das lange Gesicht von der erteilten Absage: Wieder ist ein Traum geplatzt.

Dass jemand einen Job gefunden hat, sieht man daran, dass neben der schwarzen Flanellhose und dem weißen Hemd unter dem Vordach des Campingbusses plötzlich mehrere hängen. Vielleicht lässt der Glückspilz auch eine kleine Party mit den Leidensgenossen steigen. Von nun an verlässt

er jeden Morgen zur selben Zeit den Campingplatz und kommt abends hoch erhobenen Hauptes zurück, zusammen mit den anderen Immigranten, Backpackern, Touristen, lässt sich vor dem Campingbus nieder, um seiner Familie die Eindrücke des Tages zu berichten – immer unter den Argusaugen der Nachbarschaft, auf der größten Terrasse der Stadt.

Ich mach' dann mal ein Restaurant auf!

Und nun machen Sie sich selbst auf die Jobsuche – eine ganz besondere Herausforderung. Ich gehe jetzt einfach mal davon aus, dass Sie nicht von Ihrem Erbe leben und auch nicht zur Rentnergeneration gehören, die wegen der grassierenden Altersarmut gerne in ein Land auswandert, was mit geringen Lebenshaltungskosten lockt. Also werden Sie einen Job brauchen. Und glauben Sie nur nicht, dass Sie darum herum kommen oder dass es mit einem easygoing Halbtagsjob getan ist! In keinem Land der Welt fliegen Ihnen gebratene Tauben in den Mund – auch wenn viele Auswanderungseuphoriker das gerne behaupten. Aber vermutlich gehören Sie sowieso zu denjenigen, die sich im Zuge der Planung eines dieser tollen Jobs-im-Ausland-finden-leicht-gemacht-Bücher gekauft haben. Da steht dann natürlich in epischer Breite drin, was man alles machen soll und was man besser unterlässt, damit man möglichst innerhalb von 14 Tagen eine Anstellung bei seinem Wunscharbeitgeber bekommt.

Dazu fällt mir nur eines ein: Lassen Sie sich nicht blenden von unzähligen Jobangeboten auf Webseiten wie seek.com, monster.com oder wie auch immer sie heißen mögen. Lassen Sie sich auch nicht beeindrucken von Arbeitslosenquoten von unter fünf Prozent, was in vielen Ländern gleichbedeutend ist mit Vollbeschäftigung. Ich kann Ihnen versichern: alles Humbug! Solche Zahlen täuschen nur über die wahren Gegebenheiten hinweg. Vielleicht haben Sie in der Planungsphase Ihrer Auswanderung bei Freunden, Bekannten und Ihrem Exarbeitgeber noch souverän bis überheblich schwadroniert, dass genau Ihre Qualifikation im neuen Land ja „on demand“ sei und es bei einer Arbeitslosenquote von unter fünf Prozent zudem überhaupt kein Problem darstelle, mir nichts dir nichts einen neuen Job zu finden. Wo man doch eigentlich nur auf jemanden wie Sie, geprägt von deutscher Wertarbeit und Qualitätsmaßstäben, gewartet hat, damit Sie das Land retten und es im internationalen Vergleich nach vorne bringen. Haha. Hochmut kommt bekanntlich vor dem Fall.

Wenn Sie nun also anfangen, nach einem Job zu suchen, werden Sie erstens feststellen, dass derlei überhebliche Gedanken nur Tagträumereien Ihrerseits waren und Sie sich zweitens das ganz toll eingeredet haben, um überhaupt bis hierher durchzuhalten.

Im Hinblick auf den Job gibt es verschiedene Kategorien von Auswanderern. Es gibt die Idealisten, die ihren alten Job satt haben und nicht nur einfach raus wollen, sondern auch mal was ganz anderes machen wollen. Bevorzugt eröffnen sie Restaurants oder eine Tauchbasis im Land ihrer Träume. Dann gibt es die Selbstbewussten, die im Ausland auch genau das machen wollen, was sie bisher gemacht haben. Sie nehmen etliche Anläufe, einen passenden Job im neuen Land zu finden, geben irgendwann entnervt auf, laufen ins Idealistenlager über und eröffnen ebenfalls eine Tauchbasis.

Und dann gibt es die, die von ihrer Firma ins Ausland entsendet werden. Letztere müssen sich natürlich keinen Job im neuen Land suchen, das ist klar. Nach einigen Jahren kehren sie wieder nach Deutschland zurück – und müssen dort leider feststellen, dass ihre Auslandserfahrung nicht in dem Maße gewürdigt wird, wie sie sich das erhofft hatten. Oft fangen sie in Deutschland auch wieder da an, wo sie aufgehört haben. Mit dem angestrebten Karrieresprung wurde es also nichts. Der Frust kommt bei den Expats zwar später, aber er kommt.

Do you speak Australian?

Nehmen wir mal an, Sie gehören zu den Selbstbewussten. Sie machen sich also auf die Jobsuche. Was bietet sich da mehr an, als erst einmal Ihr ach so starkes und gewachsenes Businessnetzwerk zu nutzen? Sie telefonieren mit Ihren alten Kollegen und fragen vorsichtig nach, ob die nicht Kontakte zu wichtigen Menschen in Ihrem neuen Heimatland haben, bei denen Sie vielleicht mal anfragen können, ob es da Möglichkeiten gebe für Sie ... Sie schauen sich in den einschlägigen Businessnetzwerken XING und LinkedIn um und prüfen, ob Ihre Kontakte dort nicht wichtige Entscheider kennen, die Ihnen irgendwie weiterhelfen können.

Sie machen im Laufe dieser Recherchen die Erfahrung, dass mit jedem Kilometer, den Sie zwischen sich und Ihre alte Heimat gebracht haben, Ihr Netzwerk poröser wird. Besonders in Australien kann man das feststellen. Ihre deutschen Businesskontakte reichen bis Deutschland und Europa, manche vielleicht bis in die USA und nach Asien. Aber dann ist Schluss. Es scheint so, dass die liebe große Insel, die es immerhin auf etwas mehr als zwei Drittel der Größe von Europa bringt und ca. 20 Millionen Einwohner hat, auf der Businesslandkarte nicht existiert. Haben Sie schon einmal in den Globalisierungsatlas von „Le monde diplomatique" geschaut? Auf über 200 Seiten mit Globalisierungskennzahlen und dazugehörigen Grafiken kommt Australien gerade fünf Mal vor und wird lediglich zwei Mal im Text erwähnt. Eigentlich kein Wunder, dass ein durchschnittlich gewachsenes deutsches Geschäftskontaktenetzwerk vielleicht bis Asien reicht, aber nicht darüber hinaus. Und da es ab einem gewissen Alter und einer gewissen Position relativ unwahrscheinlich ist, dass Sie mit

einer Initiativbewerbung Erfolg haben, sondern es sich vielmehr herausstellt, dass Ihr Businessnetzwerk Ihr wichtigstes Gut ist, ist das doppelt dramatisch. Merke: Ihr Netzwerk wird umso nutzloser, je weiter Sie sich von Ihrem Heimatland entfernen.

Nachdem Sie Ihren Lebenslauf auf lokales Maß getrimmt haben, sich außerdem ein Bild davon gemacht haben, wie denn die Arbeitswelt im neuen Land so funktioniert und natürlich mögliche Arbeitgeber identifiziert haben, nehmen Sie sich nun die einschlägigen Jobbörsen vor. In Australien beispielsweise war es früher so, dass Menschen mit dem passenden kulturellen Hintergrund, sprich gebürtige Angelsachsen, in wenigen Wochen einen geeigneten Job finden konnten. Die Nicht-Angelsachsen benötigten dafür schon sechs bis acht Monate, konnten in dieser Zeit locker Surfen lernen oder frustriert ein Restaurant für entsprechende Spezialitäten ihres früheren Heimatlandes gründen.

In der heutigen Zeit sieht das ganz anders aus: Auf eine Stelle bewerben sich Hunderte von Menschen. Als Immigrant konkurrieren Sie mit Scharen von Einheimischen, die nicht nur die Sprache besser sprechen, sondern auch die Kultur. Und das formuliere ich ganz bewusst so. "You do not speak Australian", so könnte man sagen. Glauben Sie mir: Nicht nur die Sprache will erlernt sein, sondern auch die Kultur. Und das geschieht nicht über Nacht. Wieso sollte also ein Arbeitgeber das Risiko eingehen und Ihnen vor allen Einheimischen den Zuschlag geben, selbst wenn er dadurch vielleicht fünf bis zehn Prozent mehr Leistung, Erfahrung und Qualität bekommt? Am Anfang denken Sie: „Wovon sprechen die da eigentlich, ich kann doch Englisch!“ Sicher sprechen Sie Englisch – aber dennoch sind Sie meilenweit davon entfernt, in der Kultur des Landes verwurzelt zu sein.

Ich will es an einem Beispiel festmachen: Als Vertriebler erwartet man unter anderem von Ihnen, dass Sie mit Ihren Kunden über das letzte Rugbyspiel fachsimpeln können bzw. die Eigenheiten und Statistiken des letzten Cricket Test Match nicht nur auswendig herunterbeten, sondern auch noch eine Prognose über den Ausgang der diesjährigen Meisterschaften abgeben können. „Cricket Test Match? Wenn es nur ein Test Match war, wieso ist es dann so wichtig, dass es die Bürokommunikation am darauffolgenden Tag dominiert?“ – das mögen Sie sich durchaus fragen. Aber fragen Sie es niemals Ihre neuen australischen Kollegen! Sie disqualifizieren sich mit einer solchen Frage sofort für jegliche Formen von Flurfunk: Die wichtigste und angesehenste Austragungsform im Cricketsport nicht zu kennen (Test Matches sind nämlich Länderspiele zwischen Nationalmannschaften), geht natürlich gar nicht. Und schminken Sie es sich ab, dass Sie sich Cricket- oder auch Rugbyregeln innerhalb kürzester Zeit anlesen können. Das funktioniert nicht. Es wird mindestens Monate in Anspruch nehmen und ist nur im Rahmen eines Vollzeitstudiums zu bewältigen.

Ein ähnliches Insidertum wird übrigens innerhalb der australischen Businessbeziehungen gepflegt. Die sind über Jahre gewachsen und basieren auf gemeinsamen Rugbyspielen der „Boys“. Abgesehen davon, dass Sie wahrscheinlich weder die Kondition noch das Stehvermögen hätten, um ein Tackling in einem Rugbymatch lebend zu überstehen – Sie sind nun mal erst gerade in dem Land angekommen und da tut man sich mit gewachsenen Beziehungen bekanntlich schwer. Das heißt für Sie als Vertriebler: Sie werden erst einmal viele Gallonen Bier mit Kollegen und potentiellen Kunden während unzähliger Cricket- und Rugbymatches trinken müssen, um Beziehungen aufzubauen – gewissermaßen im Fast-Track-Modus. Ihre Leber wird es Ihnen nicht danken, und Sie werden Lokalderbys zwischen Schalke und Dortmund umso mehr vermissen.

Aber die Relevanz der kulturellen Unterschiede beschränkt sich natürlich nicht nur auf den Vertrieb. Auch im Bereich Projektmanagement sind die Differenzen gravierend. Hierzulande ist ein Projekt ein Projekt, wenn es ein definiertes Start- und Enddatum hat und die Lieferung eines Werks oder einer Leistung im geplanten Budgetrahmen und in der erwarteten Qualität erfolgt. Das ist beileibe nicht überall so. „No worries“, sagt der Australier und schert sich nicht weiter darum, wenn das Projekt nicht zum vereinbarten Termin fertig ist. Morgen ist ja auch noch ein Tag. Also wundern Sie sich nicht, wenn in der hitzigsten Projektphase Ihre Mitarbeiter ungerührt um fünf Uhr nachmittags das Feld verlassen, um den Abend mit der Familie und Freunden bei einem „Barbie“ zu verbringen (nein, das ist nicht die berühmteste Puppe der Welt, sondern das australische Kosewort für Barbecue).

Lifestyle wird definitiv anders interpretiert in anderen Ländern. Man arbeitet, um zu leben und nicht umgekehrt. Mehr noch: Man arbeitet lediglich so viel wie nötig, um ausgiebig und angenehm leben zu können. Und da kommen Sie nun daher – mit Ihrem deutschen Qualitätsdenken, mit Ihren Ansprüchen an Struktur und Überstundenbereitschaft. Ich verspreche Ihnen: In den ersten Tagen, Wochen und Monaten werden Sie viel, viel lernen müssen. Der Haken dabei: Was sich über Jahrzehnte an typisch deutschen Verhaltensweisen eingeschliffen hat, wird sich nicht so schnell wieder „ausschleifen“.

Also noch einmal: Warum sollte ein Hiring Manager ausgerechnet Sie als New Arrival einstellen? Und sich damit unkalkulierbare Risiken einbrocken – beispielsweise in Form von völlig irrelevanten und nervtötenden Verhaltensweisen wie dem Beharren auf pünktlichen Abgabeterminen? Eben. Also wird es nicht mehr lange dauern, bis Sie sich entweder mit dem Rückzug beschäftigen oder sich doch dem Idealisten annähern und sich mit dem Gedanken tragen, ein Bed & Breakfast zu gründen oder eine Bäckerei mit gutem deutschen Brot zu eröffnen – das Sie ohnehin vermissen werden, aber das nur am Rande. Vielleicht wollen Sie ja auch eine renovierungsbedürftige Lodge im nächsten Naturschutzgebiet kaufen und sie durch deutschen Standard aufwerten und erfolgreich machen. Die Hoffnung stirbt bekanntlich zuletzt.

Aber noch sind Sie nicht soweit. Sie versenden stattdessen eine Bewerbung nach der anderen, erhalten Absage um Absage und zweifeln zunehmend an Ihrer Entscheidung. Lebensstil, ja, bitte – aber der will auch finanziert werden! Mal ganz abgesehen davon: Sie werden nicht jahrelang untätig am Strand sitzen wollen, aufs Meer hinaus schauen und glauben, dass das das Leben ist, von dem Sie immer geträumt haben.

Dringend gebraucht: Glück

Selbst wenn Sie zu Bewerbungsgesprächen eingeladen werden, heißt das noch lange nicht, dass bald ein Vertrag winkt. Die Bewerbungsgespräche verlaufen zwar so angenehm, dass sich in Ihnen Zuversicht und der Glaube daran breit machen, dass Sie es bald geschafft haben. Auch die Assessment Center und den ausgiebigen Seelenstriptease – in Form von Befragungen durch Psychologen – nehmen Sie noch relativ ungerührt hin. Schließlich stehen Sie ja kurz vor Ihrem ersten Arbeitsvertrag im neuen Land – glauben Sie. So lange, bis der Luftballon Ihrer Träume mal wieder platzt, denn Sie bekommen eine Absage nach der anderen. Ohne einen Grund zu nennen, den Sie verstehen oder akzeptieren können. Sie stoßen an eine Glasdecke – die Glasdecke der kulturellen Differenzen.

Und so vergehen Wochen und möglicherweise Monate, und Sie werden immer frustrierter. Sie bewerben sich nun nach dem Gießkannenprinzip, fokussieren sich nicht mehr auf Ihren Erfahrungslevel, Ihr Berufsbild und die Stadt Ihrer Wahl, sondern bewerben sich für niedrigere Positionen in anderen Städten. Mit dem einzigen Ergebnis, dass Sie noch weniger positive Rückmeldungen bekommen. Die Absagen sind im Wortlaut alle ähnlich: Sie seien zu erfahren für den Job und fühlten sich nach wenigen Wochen sicherlich komplett unterfordert.

Noch mehr Zeit geht ins Land. Ihre finanziellen Mittel schrumpfen weiter. Eigentlich haben Sie nur zwei Möglichkeiten: entweder ein Rückflugticket buchen oder durchhalten. Und darauf bauen, dass es irgendwann kommt, das Quäntchen Glück, das man immer und überall braucht. Irgendwann ist es dann soweit: Sie waren zur richtigen Zeit am richtigen Ort und hatten neben dem Mut, dem Durchhaltevermögen und der erwarteten Expertise auch noch das besagte Glück und halten einen unterschriebenen Arbeitsvertrag in den Händen. Auch wenn es möglicherweise nicht Ihr Traumjob ist – zumindest ist es ein Anfang. Und für den nächsten Durchgang haben Sie immerhin eine lokale Referenz im Lebenslauf. Der erste Schritt ist getan. In vielen Fällen ein wirklich hart erkämpfter Schritt.

Noch ein geplatzter Traum

Gut – der Job ist also sicher. Bleibt immer noch die Frage der Wohnung. Schließlich haben Sie so langsam die Nase voll vom Campingplatz. Sich jeden Morgen im Waschhaus gemeinsam mit Dutzenden anderen Leidensgenossen für den Tag zu rüsten, ist vielleicht eine Weile ganz originell, aber sicher nicht auf Dauer.

Die Wohnungssuche beginnt erst einmal so, wie Sie es aus Deutschland kennen: Sie müssen sich überlegen, in welchem Teil der Stadt Sie sich niederlassen wollen. Nah zur

Arbeit soll es sein, gute Kindergarten- und Schulmöglichkeiten für Ihre Kinder soll es geben, eine interessante Umgebung, in der sich der Lifestyle, den Sie sich erträumt haben, auch niederschlägt, geringe Kriminalität, nette Nachbarn, bezahlbar natürlich auch – Sie wissen schon. Mit ein bisschen Vorort- und Internetrecherche lässt sich das alles herausfinden, das ist beileibe kein Hexenwerk. Auch die Frage „Mieten oder Kaufen?" sollte schnell entschieden sein: Ich glaube kaum, dass Sie – ohne zu wissen, ob Ihr neuer Job von mittel- bzw. langfristigem Erfolg und Stabilität gekrönt ist – sich gleich in ein Großinvestment stürzen und eine Wohnung oder ein Haus kaufen werden.

Sie werden sich also erst einmal mit dem Wohnungsmarkt Ihres neuen Standortes vertraut machen wollen. Es gibt international einige gravierende Unterschiede zum deutschen Wohnungsmarkt: In Deutschland sind wir es gewohnt, dass genügend Angebote auf dem Wohnungsmarkt sind, unter denen wir auswählen können. Aber: andere Länder, andere Wohnungsmärkte. In Zürich beispielsweise gab es Zeiten, in denen in der ganzen Stadt gerade einmal zehn Mietobjekte auf dem freien Wohnungsmarkt gehandelt wurden, was sich natürlich in entsprechend hohen Preisen niederschlug. Wer in einem solchen Wohnungsmarkt auf die Suche geht, wird schnell feststellen, dass das so hart ausgehandelte Gehalt hinten und vorne nicht ausreicht. In anderen Fällen, so zum Beispiel in Australien, kann es sein, dass ein Mietmarkt nahezu gar nicht existiert, da dort kein Mensch eine Wohnung oder ein Haus mietet, sondern

gleich kauft. Die Idee dahinter: Man kauft eine Immobilie, um sie zwei Jahre später mit 30 Prozent Gewinn zu verkaufen und sich dafür eine neue, edlere Immobilie zu kaufen, die dann ebenfalls zwei Jahre später mit 30 Prozent Gewinn verkauft wird. Und so weiter. So haben sich die Aussies schon längst reich gerechnet – was sich in Zeiten wie diesen allerdings bitterlich rächt.

Wie auch immer: Überstürzen Sie nichts! Haben Sie Ihre Wahl erst getroffen, wird es schwierig, sie wieder rückgängig zu machen, besonders dann, wenn Ihre Kinder in einem Kindergarten oder in einer Schule angekommen sind. Ganz abgesehen von den Kosten, die das ständige Umziehen verursacht.

Haben Sie eine Behausung gefunden, die Ihnen gefällt, geht es in den nächsten Bewerbungsmarathon. In vielen Ländern werden Sie sich um Ihr neues Domizil nämlich bewerben müssen. Man wird Referenzen haben wollen – Vermieter, bei denen Sie schon mal gemietet haben, beispielsweise. Das dürfte kompliziert werden, da Sie in Ihrem neuen Heimatland ja noch nie eine Immobilie gemietet haben. Überhaupt ist Ihre Gesamthistorie in diesem Land noch relativ überschaubar, und ob der Campingplatzinhaber eine relevante Referenz darstellt, ist mehr als fraglich. Auch Ihr erster, vor knapp zehn Tagen ergatterter Arbeitsvertrag wird in den Augen des Vermieters keine große Überzeugungskraft haben. Eine Bürgschaft werden Sie auch noch organisieren müssen, was so weit weg von zu Hause wahrlich kein Kinderspiel ist. Und schon platzt auch dieser Traum – von der schönen neuen Behausung, die Ihnen so gut gefällt und in die Sie sich gleich auf den ersten Blick verliebt haben. Vielleicht müssen Sie sich deshalb darauf einstellen, dass Sie noch ein Weilchen auf dem Campingplatz bleiben werden. Der einzige tröstende Rat, den ich Ihnen hier geben kann: Beißen Sie sich durch. Irgendwann klappt es auch mit der Wohnung.

Bei der Wohnungssuche spielen natürlich Ihre Kinder eine wichtige Rolle. Falls Sie welche haben und Sie sie in Ihrer Arroganz und in Ihrem Egoismus – und weil Sie ohnehin am längeren Hebel sitzen – in das neue Land einfach so mitgeschleppt haben, wahrscheinlich noch mit den Argumenten, dass Sie alle es dort besser haben werden.

Nun also: Wenn Sie eine Wohnung suchen, sollten Sie nicht nur Ihre eigenen Wünsche nach Pool, Carport und Holzfußboden in den Fokus nehmen, sondern auch die Tatsache beachten, dass die staatlichen Schulen Distrikten und Gemeinden zugeordnet sind. Sie bekommen also Ihre Kinder nur in einer bestimmten Schule unter, wenn Sie auch dort in der Nähe wohnen. Nur welche Schule ist die richtige? Welche Sprache, welcher Lehrplan, welche Schulform überhaupt? Was sind die Vorlaufzeiten für die Einschulung? Wie sieht es mit der Anzahl der Kindergartenplätze aus? Ist sie ebenso begrenzt wie in Deutschland oder gibt es sie in Hülle und Fülle? Fragen über Fragen, die bewusst gestellt und beantwortet sein wollen.

Entscheidender Faktor für die Beantwortung dieser Fragen ist das Land bzw. die Stadt, in das bzw. in die es Sie verschlagen hat. In New York beispielsweise wohnen viele Familien außerhalb der Stadt und der arbeitende Teil der Familie pendelt. Und da die meisten Pendler in Manhattan oder in Jersey City (direkt über den Hudson River gen Westen) arbeiten, ist es relativ egal, wo sie außerhalb wohnen – die Fahrzeit beträgt mindestens über eine Stunde. Dort kann man als Immigrant sicherlich die Schul- und Kindergartenfrage zuerst stellen. In australischen Städten wie Sydney ist die Frage, wo Sie arbeiten werden entscheidender, da es sich dort nicht so konzentriert ballt wie in New York.

Für Australien gilt: Gehen Sie auf den Campingplatz, finden Sie einen Job so wie jeder andere Immigrant, der das Pech hat, nicht schon vorher aus der Ferne einen Job klargemacht zu haben – und suchen Sie erst danach eine Wohnung. Ohne Job wird es Ihnen dort ohnehin schwerfallen, ein Mietobjekt zu finden – mangels Referenzen und Einkommensnachweisen etc.

Sie sehen: Es hängt ganz von Land, Stadt und Ihren persönlichen Gegebenheiten ab. Sie sollten diesen Punkt jedoch nicht unterschätzen. Wenn Sie keine der Fragen (Wo oder was arbeite ich? Wo werde ich wohnen? Wo gehen meine Kinder zur Schule oder in den Kindergarten?) klären, ist es schwierig, an irgendeiner Stelle den Einstieg zu finden. Sie müssen schon eine der Fragen beantworten können, um dem Ziel näher zu kommen.

Wird jetzt alles gut?

Nach all den Herausforderungen und Hürden, die Sie bis hierher gemeistert haben, dürfen Sie sich nun endlich mal zurücklehnen und das genießen, was im Ausland tatsächlich besser und unkomplizierter läuft als in good old Germany. Und dazu gehören zweifellos Kinderbetreuung und Schulsysteme. Die sind in anderen Ländern nämlich um Längen besser auf den Familienalltag zugeschnitten als die deutschen Betreuungs- und Bildungseinrichtungen. In Australien beispielsweise bieten nahezu alle Schulen eine Ganztagsbetreuung. Da gibt es die Pre-School Care, dort kann man die Kinder bereits ab sieben Uhr hinbringen. Der Schulunterricht beginnt dann meistens gegen neun Uhr – was auch dem Biorhythmus und dem Aufnahmevermögen eines Kindes entspricht. In Deutschland hingegen werden die Kinder bereits um halb acht genötigt, sich die kleinen Köpfe mit Wissen vollzustopfen. Um drei Uhr nachmittags ist dann Schluss und das After-School-Care-Programm beginnt – bei Bedarf. Ob Schwimmen oder andere sportliche Aktivitäten, Mal- und Kochkurse – bis um sechs ist der Nachwuchs bestens betreut. All das findet man in Deutschland nur selten. Daher ist es kein Wunder, dass es in Australien ganz normal ist, dass beide Elternteile arbeiten – wenn nicht einer sich dem Lifestyle unterordnet und sich die Zeit mit anderen schönen Dingen vertreibt.

Ach ja – machen Sie sich keine Sorgen, dass Ihre Kinder mit der neuen Sprache überfordert sein könnten. Als wir in

Australien unsere damals dreijährige Tochter in den Kindergarten steckten, sprach sie nach sechs Wochen die Sprache schon so gut, dass sie sich mit den anderen Kindern problemlos verständigen konnte. Mit sechs Jahren sprach sie beide Sprachen fließend. Auch wenn die Kinder schon größer sind: Nach einem viertel Jahr ist das gröbste überstanden.

Sorgen machen sollten Sie sich dann schon eher um sich selbst: Dass Sie einen Job und ein festes Dach über dem Kopf haben, heißt nämlich noch lange nicht, dass jetzt alles gut wird. Lesen Sie einfach mal weiter.

AM SCHEIDEWEG

Sagen Sie nicht, ich hätte Sie nicht gewarnt!

Die ersten Hürden sind genommen. Sie sind nun wirklich im neuen Land und in Ihrem neuen Leben angekommen. Die Wohnung oder das Haus sind ein echtes Zuhause geworden. Die Schule für Ihre wissensdurstigen Sprösslinge ist ausgesucht und auch der Kindergarten hatte noch einen freien Platz. Langsam kehrt Ruhe in Ihr Leben zurück, das in den letzten Monaten doch etwas hektisch geworden war. Die Zeit auf dem Campingplatz rückt zunehmend in den Hintergrund und die Gedanken daran verblassen allmählich.

Sie können sogar schon mit gelassener Distanz auf die ersten Frustmomente im neuen Land zurückschauen: als Sie vielleicht das Haus nicht bekommen haben, in dem Sie so gerne gewohnt hätten, oder als der Job, den man Ihnen in Aussicht gestellt hatte, sich unversehens in Luft aufgelöst hat. Aber nun haben Sie ihn ja: den ersehnten Job, der eigentlich fast perfekt in Ihre bisherige berufliche Laufbahn passt. Die ersten Kontakte zu den Nachbarn haben Sie auch geknüpft, so langsam wächst sogar die Überzeugung, dass sich hier und da eine Freundschaft daraus entwickeln könnte – denn auf einmal stand der Familienvater von der anderen Straßenseite in Ihrer Garage, mit seinen beiden Söhnen im Arm und einer Schweißerschutzbrille auf dem Kopf, und

wollte wissen, wo Sie herkommen und warum, um Sie dann ohne große Formalitäten zu einem Willkommens-Barbie für den gleichen Abend einzuladen.

Auch Ihr Container ist mittlerweile angekommen und Sie konnten Ihre vor einigen Monaten gepackten Kisten wieder auspacken. Es fühlte sich an wie Weihnachten, und Sie wundern sich, warum Sie so viel unnützen Kram eingepackt haben, für den Sie jetzt hier im neuen Land keine Verwendung haben.

Ihr neues Auto ist Ihnen mittlerweile ans Herz gewachsen. Sie haben sich – falls nötig – daran gewöhnt, auf einer anderen Straßenseite zu fahren, und es passiert Ihnen immer seltener, dass Ihnen ein Fahrzeug mit Lichthupe und lautem Gehupe entgegen kommt und Sie feststellen müssen: Mist, schon wieder beim Abbiegen auf die falsche Seite gefahren!

Selbst der Weg zur Arbeit ist Ihnen vertraut, Sie verfahren sich nicht mehr in den Gässchen und Straßen der neuen Stadt oder kennen die Bus- und U-Bahnlinienpläne, als hätten Sie schon immer dort gelebt.

Wenn Sie morgens Ihren Nachwuchs im Kindergarten abgeben, schaut man Sie nicht mehr mit großen staunenden Augen an und Ihre Tochter oder Ihr Sohn wird von anderen Kindern mit Namen begrüßt und schnattert mit seinen oder ihren neuen Freunden in deren Muttersprache, dass Sie nur noch staunen können – auch Ihre Kinder sind mittlerweile im neuen Land angekommen und freundlich aufgenommen worden.

Sie wundern sich, dass bei der Fahrt mit dem Bus sich nahezu jeder Fahrgast beim Aussteigen beim Busfahrer bedankt und ihm einen schönen Tag wünscht. Noch bemerkenswerter ist allerdings, dass Sie sich auch wandeln und nach wenigen Tagen diese kleine Freundlichkeit einfach übernommen haben und „Thanks Mate, have a great day" lautstark durch den Bus rufen und nochmal kurz winken, bevor Sie aussteigen.

Das Wetter beeindruckt Sie mehr und mehr und Sie können den Satz „Beautiful one day, perfect the next" mittlerweile sehr gut nachvollziehen – zumindest wenn Sie in Brisbane

an der Ostküste Australiens leben. In Dubai würde man vielleicht eher sagen „Hot one day, even hotter the next“.

Auch die Menschen und ihre Art und Weise der Kommunikation, die Fröhlichkeit und Freundlichkeit Ihnen und Ihrer Umwelt gegenüber beeindruckt Sie. Sie stellen fest, dass Sie mit Ihrem etwas zum Jammern neigenden, raubeinigen und fordernden deutschen Gemüt in Ihrem neuen Heimatland nicht so richtig weit kommen.

Ihr Arbeitskollege fragt Sie montags nicht nur, wie Ihr Wochenende war, sondern interessiert sich auch ernsthaft für Sie und Ihre private Situation – was Sie daran merken, dass Ihr Kollege sich die Dinge gemerkt hat, die Sie ihm das letzte Mal erzählt haben.

Auch kleine Ausflüge in die Umgebung haben Sie gemacht. Mit Ihrem neuen Vehikel oder mit öffentlichen Verkehrsmitteln haben Sie die umliegenden Dörfer und Ausflugsziele erkundigt und allerlei Schönes entdeckt.

Und so langsam ... ganz langsam ... holt er sie sein. Der große und dicke Bösewicht. Vor dem Sie so weit weg gelaufen sind. Der Alltag.

Jetzt gilt’s!

Ganz schleichend und jeden Tag ein bisschen mehr fühlt sich Ihr Leben wieder so an, wie Sie es auch in Ihrem Heimatland wahrgenommen haben. Sie stehen morgens auf, machen Ihre Kinder fertig, bringen Sie zur Schule oder in den Kindergarten. Sie fahren zur Arbeit, kommen abends nach Hause und verbringen die Wochenenden damit, die noch unbekannten Seiten Ihres neuen Lebens zu entdecken.

Und jetzt, genau jetzt, wo alles so ist, wie es sein sollte – der Job, die freundlichen Menschen, das Wetter, der Strand – ist er da: der Moment der Entscheidung. Jetzt geht es nämlich darum, ob Sie sich wirklich auf Ihr neues Heimatland einlassen wollen oder ob Sie sich innerlich schon wieder auf den Rückweg in die alte Heimat machen. Die Sehnsucht nach Deutschland, aus welchen Gründen auch immer, um die geht es mir hier. Sicher, natürlich können höhere Gewalt oder andere Ereignisse dazu führen, dass Sie wieder ausreisen und das Abenteuer Auswandern beenden.

Gehen wir mal davon aus, dass es nicht so ist, sondern alles tiptop. Dann lautet die entscheidende Schlüsselfrage nämlich: Akzeptieren Sie Ihr neues Land wirklich als „Ihr“ Land? Und, fast noch wichtiger: Akzeptiert Ihr neues Land – sprich: diejenigen, die schon ein bisschen länger hier sind als Sie – akzeptieren die Sie?

Ich nenne jetzt ganz bewusst kein Land als Beispiel, aber es gibt durchaus europäische Nachbarn, die definitiv nicht auf uns penible deutsche Bedenkenträger und Besserwisser gewartet haben. Als Touristen werden wir in manchen Ländern nur so lange geduldet, wie wir Geld und Devisen bringen. Wenn wir jedoch anfangen, den Einheimischen die Arbeitsplätze wegzunehmen und Ihnen mit unserer Besserwisserei sogar das Berufsleben schwer zu machen, dann ist es mit der guten Miene schnell vorbei.

Wir Deutschen neigen schließlich zu, allen anderen zu erklären, was sie gar nicht wissen wollen oder – noch schlimmer – welche Fehler die anderen immerzu machen und welche Missstände man wie am schnellsten beseitigt. Mit derlei Verhaltensweisen machen wir uns keine Freunde, weder kurzfristig und schon gar nicht langfristig. Wer im Ausland akzeptiert werden will, sollte vor allem eins tun: Erst mal die Klappe halten. Zumindest so lange es sich um Fehlerkommunikation und Verbesserungsvorschläge handelt.

Und wie steht mit der uneingeschränkten Akzeptanz des neuen Landes als Ihr Heimatland? Tut sich vielleicht am Ende eine riesige Lücke zwischen Dichtung und Wahrheit auf? Schließlich fühlen sich neun Monate Sonne und Wärme im Jahr ganz anders an, wenn Sie erst mal so lange da sind – und vielleicht ganz anders, als Sie sich das in Ihren Träumen vorher ausgemalt haben. Vielleicht merken Sie, dass Sie dieses neue Klima überhaupt nicht vertragen oder Sie alles mögliche sind, bloß nicht der Sonnentyp, den Sie immer in sich gesehen haben. Vielleicht nervt es Sie ja total, dass Sie ein Hemd durchschwitzen, sobald Sie nur über die Straße gehen.

Vielleicht geht Ihnen aber auch die neue Sprache total auf den Zeiger – sei es ein bestimmter deutscher Dialekt oder das besondere Englisch, das im neuen Land gesprochen wird. Dieser zähe, breiig klingende Dialekt – Sie finden das nicht mehr charmant und putzig, sondern einfach nur noch lästig.

Vielleicht ist es auch das Essen oder die Esskultur, die Sie nervt. Ob es die fünf Gänge zum Mittagessen sind, die Sie in Frankreich für drei Stunden vom Arbeiten abhalten – ohne Chance auf Entkommen vor dem obligatorischen Kaffee. Oder ob es das ewige Hamburger-Steak-Fritten-

Fast-Food-Essen in Amerika ist, von dem Sie irgendwann nur noch Pickel kriegen – oder die scharfe indische Küche, an die Sie sich nie gewöhnen werden.

Es gibt sicherlich viele Dinge, die Ihnen erst aufgehen, wenn Sie im neuen Land sind. Ohne Toleranz und Akzeptanz kommen Sie nirgendwo klar. Der Mensch ist ein Gewohnheitstier, und wenn Auswandern für etwas gut ist, dann dafür: Sie werden mal wieder wachgerüttelt und müssen aus Ihren typischen Denk- und Bewertungsmustern ausbrechen. Das meistert nicht jeder erfolgreich.

Aus dieser Akzeptanz oder vielmehr Nicht-Akzeptanz resultiert eine mehr oder weniger starke Sehnsucht nach der alten Heimat. Und zu vermissen gibt es einiges! Sagen Sie nicht, ich hätte Sie nicht gewarnt!

Selbsthilfegruppen für Brot-Junkies

Da sind zum Beispiel die Jahreszeiten. Wie oft haben Sie von den neun Monaten Sonne pro Jahr geträumt und konnten es kaum erwarten, das ganze Jahr über Temperaturen über 20 Grad zu haben? Irgendwann haben Sie dann den Salat: Mitten im Hochsommer müssen Sie Weihnachten und Silvester feiern. Und erinnern sich auf einmal wieder an Ihre Kindheit mit kalten und weißen Weihnachten, mit heißem Glühwein auf dem Weihnachtsmarkt und Plätzchenduft in der warmen Küche. Die Nase ist Ihnen eingefroren auf dem Weg zur Kirche. Fröstelnd gingen Sie durch den verschneiten Wald, um sich danach am Feuer Ihres Kamins zu wärmen. Wundervoll. Weihnachten am Strand mit einer Büchse Bier und Reggae-Musik? Schon merkwürdig, irgendwie. Und echte Tannenbäume gibt's auch nicht. Nur so quietschbunte aus Plastik, die sich, von einem kleinen Batteriemotor angetrieben, langsam um die eigene Achse drehen. Ziemlich trostlos, dieser Anblick, das kann ich Ihnen versichern. Der eigentlich nur noch von so allerlei Haustieren in Rentierverkleidung übertroffen wird. Glauben Sie mir: Ein ungefähr knöchelhoher, langhaariger Schoßhund mit angeschnalltem Rentiergeweih, hinter sich einen kleinen glitzernden Schlitten mit Geschenkpäckchen verbreitet ungefähr so viel weihnachtliche Stimmung wie ein Eimer Sangria am Ballermann.

Manche deutsche Auswanderer hören bewusst keine deutschen Schlager oder Lieder wie die aus dem Musikantenstadl mehr – sie würden sofort in Tränen ausbrechen, weil die Sehnsucht nach Ihrem Heimatland zu groß würde.

Übrigens: Was alle deutschen Auswanderer eint, ist die Gier nach gutem Brot. Auf der ganzen Welt haben sich regelrechte Selbsthilfegruppen gebildet, in der sich deutsche Auswanderer gegenseitig in die Geheimnisse der Sauerteigherstellung einweihen, Backrezepte weiterreichen und sich zu Brotverkostungen einladen. Die Sehnsucht, einfach in einen Laden zu marschieren und gutes, griffiges, dunkles Brot kaufen zu können und nicht auf labberiges Weißbrot angewiesen sein zu müssen, das nach wenigen Stunden schmeckt wie ein feuchter Bierdeckel – sie nimmt mitunter merkwürdige Züge an.

Eine weitere Kuriosität – mit den Auswanderern ausgewandert, sozusagen – ist das berühmte deutsche Oktoberfest. Es hat schon in vielen Ländern Einzug gehalten – oft mehr gewollt als gekonnt. Reduziert auf Bier aus Plastikbechern, deutsches Liedgut mit Tuba und Trompete, dargeboten von der eingeflogenen Bigband, und die obligatorischen Brezeln und Schweinshaxe, soll deutsche Kultur und Mentalität vermittelt werden. Der Auswanderer mit Sehnsucht nach Hause wendet sich mit Grausen ab und sehnt sich umso mehr zurück.

Die Tagesschau sowie deutsche Tageszeitungen und Magazine sind auch so etwas: Wenn Sie kein Bedürfnis nach einer großen Sehnsuchtswelle haben, sollten Sie diese Medien meiden wie ein Vampir das Tageslicht. Und echte, knallharte Selbstdisziplin brauchen Sie, wenn Sie dieses Medienverbot auf deutsche Internetseiten ausdehnen wollen – denn die Tagesschau und den Spiegel gibt es natürlich auch dort. Wenn Sie diesen Sehnsüchten nachgeben – und selbst am Abend im Bett mit ihrem kleinen Laptop auf dem Schoß eine qualifizierte und hochwertige Nachbetrachtung der Neuigkeiten vom Tag vornehmen –, werden Sie schnell zum Nachrichten-Junkie – nur sind Ihr „Stoff" eben leider nicht die Neuigkeiten Ihrer neuen Heimat, sondern die Ihres alten Heimatlandes.

Sehnsucht nach Hause

Das größte Sehnsuchtspotential bieten jedoch Freunde und Familie, die Sie in der alten Heimat zurückgelassen haben. Internet, Telefon, Skype, Twitter sowie die Billigflieger haben neben den ganzen Social-Network-Portalen wie Facebook und MySpace zwar dafür gesorgt, dass die globale Welt noch globaler wird und zusammenrückt und dass Sie Ihre Lieben nicht so schnell aus den Augen verlieren. Diese Technologien und Dienstleistungen können jedoch nicht verhindern, dass die gefühlte Distanz über die Zeit hin wächst und wächst und wächst. Sie werden neue Freunde

gewinnen, und mit jedem neuen Freund rücken die alten in den Hintergrund. Die Anzahl der Telefonate wird weniger, die Anzahl der E-Mails ebenso. Vollmundige Versprechen – ja, sicher, man wird Sie oft besuchen, ganz bestimmt – geraten in Vergessenheit, es sei denn, Ihre Auswanderdestination liegt geschickt auf dem Weg und man stattet Ihnen hin und wieder einen Besuch ab, um eine kostenlose Übernachtungsmöglichkeit zu bekommen.

Sie werden auch feststellen, dass es in Ihrem Alter und mit den gewachsenen Strukturen im Hintergrund, aus denen Sie ausgebrochen sind, sehr viel schwieriger wird, neue Freundschaften zu schließen. Mit zunehmenden Alter sind Ihre Ansprüche an die Personen, mit denen Sie sogenannte Quality Time verbringen möchten, klar gefestigt. Sie wissen genau, mit wem Sie sich einlassen wollen und mit wem nicht.

Als 20-Jähriger, der für einige Jahre zum Studium in ein anderes Land geht, ist es viel einfacher, neue Freunde zu finden. Ganz egal, wer oder was es ist, Hauptsache, man ist nicht alleine, sondern hat Menschen um sich, die einen das Heimweh vergessen lassen. Über MySpace oder StudiVZ kann man heute viel leichter herausfinden, wer sich mit einem ähnlichen Schicksal in der neuen Umgebung befindet, und so rotten sich schnell neue Communities zusammen. Man teilt das gleiche Schicksal, erkundet gemeinsam Land und Leute und das Studium oder was auch immer.

Als Familie ist das eine ganz andere Nummer. Sie wissen, was Sie von einer Freundschaft erwarten, und genauso ist es beim Gegenüber. Selbst wenn Sie glauben, dass der andere gut zu Ihnen passen würde, muss das noch lange nicht auf Gegenseitigkeit beruhen. So vergeht also ein nicht unbeachtlicher Zeitraum, bis sich kleine Freundschafts-pflänzchen entwickelt haben. Nun kommt noch neben dem Anspruch auch noch der zeitliche Aspekt hinzu. Sie und Ihre neuen Freunde verstehen und mögen sich, nur – es fehlt schlicht die Zeit, eine Freundschaft langsam wachsen zu lassen. Denn in nicht wenigen Fällen haben diese möglichen neuen Freunde ebenso Freunde und Familie, mit denen sie Zeit verbringen wollen, und da müssen Sie erst mal ein Zeitfensterchen eingeräumt bekommen. Also kann es durchaus sein, dass Sie sich mit dem Satz „Ihr seid zwar alle ganz nett, aber wir haben leider keine Zeit für euch!“ abfinden müssen.

Was Sie auch feststellen werden ist, dass Ihnen für das Knüpfen neuer Freundschaften ein wichtiges Element fehlt – die gemeinsame Historie. Sie haben nicht dasselbe Schulsystem durchlaufen, geschweige denn dieselbe Schule besucht. Sie haben nicht dieselben Sportarten ausgeübt bzw. interessieren sich auch nicht für dieselben Sportarten. Von Rugby und Cricket haben Sie bestenfalls schon mal etwas gehört, aber einen Cricketschläger haben die wenigsten deutschen Auswanderer vorher in der Hand gehabt. Und so müssen sich gemeinsame Gesprächsthemen und gemeinsame Interessen erst erarbeitet werden.

Das alles braucht Zeit. Und je mehr Zeit es braucht, desto stärker werden Sie Ihre daheimgebliebenen Freunde vermissen.

Mit der Familie ist es ganz ähnlich – auch hier wird die Sehnsucht stark sein, vermutlich viel stärker als nach den Freunden. Die Bande sind da sehr viel intensiver. Wer Sie damals aufgezogen hat, lässt Sie mental nicht so einfach ziehen und umgekehrt. Sie haben über 18 Jahre Ihre Beine unter einen bezahlten Tisch gestellt und machen sich nun einfach davon. Da wird Sie das schlechte Gewissen durchaus plagen. Machen Sie sich schon mal drauf gefasst! Und dass Sie diesen Druck aushalten, müssen Sie erst noch beweisen! Ich verspreche Ihnen: Speziell dann, wenn Sie ältere Familienmitglieder zurücklassen, von denen Sie nicht wissen, ob Sie sie noch einmal wiedersehen, werden Sie die Anzahl der Schweißausbrüche und die Anzeichen des immer schlechter werdenden Gewissens nicht mehr an zwei Händen abzählen können, sondern brauchen schon einige Finger mehr.

All diese Sehnsuchtsschübe müssen Sie aushalten, wenn Sie im neuen Land langfristig überleben und bestehen wollen. Und trotz oder mit all dieser Sehnsucht werden Sie also eine Entscheidung treffen müssen: für oder gegen das neue Land. Sie müssen herausfinden, ob Sie die Bande ins alte Zuhause kappen und sich auf das neue Land konzentrieren wollen – mit der Konsequenz, dass es irgendwann genauso schwierig ist, wieder nach Deutschland zurückzukehren, wie es die Auswanderung auch war. An diesen entscheidenden Punkt werden Sie kommen. Und vergessen Sie dabei eines nicht: Je länger Sie mit einer Rückkehr warten, desto schwieriger wird sie.

WIE GEWINNT MAN?

Vergessen Sie die Tagesschau! Lernen Sie lieber Cricket!

Wenn Sie hier ultimative Hinweise und in jeder Lebenslage funktionierende Tipps und Tricks erwarten, wie Sie sich im Land Ihrer Wahl trotz aller möglichen und unmöglichen Widrigkeiten zurechtfinden – Fehlanzeige. Wenn Sie sich allerdings entschieden haben, sich auf Ihr neues Zuhause mit Haut und Haaren einzulassen und wissen wollen, wie meine Familie und ich mit den Herausforderungen umgegangen sind, die sich uns gestellt haben – dann sind Sie hier richtig.

Also: Um irgendwann an den Punkt zu kommen, an dem man eine gut fundierte Entscheidung für das neue Zuhause fällen kann, bedarf es einiger weniger und eigentlich einfacher Strategien. Keine Sorge – diese Strategien haben nur eine Nebenwirkung: Sollten Sie nach ihrer Anwendung weiterwandern oder doch wieder in die alte Heimat rückwandern wollen, wird Ihnen der Abschied lediglich etwas schwerer fallen. Aber Sie wissen ja seit der Abreise aus Deutschland, wie sich das anfühlt.

Ob Sie all diese Strategien einsetzen, liegt ganz bei Ihnen und ist natürlich abhängig von Ihrem persönlichen Schicksal. Aber zumindest geben Ihnen diese Strategien Anhalts-

punkte, was Sie tun können, um die Gefahr des Scheiterns zu minimieren.

Machen Sie das, was Sie sowieso können!

Wenn Sie in ein fremdes Land gehen, ändert sich für Sie einiges. Sie haben es mit neuen Kulturen zu tun, mit einer anderen Vergangenheit, mit einer anderen Sprache. Aber auch Ihr gesamtes Umfeld wird sich ändern. Freunde sind ebenso außer Reichweite wie Ihre Familie. Ihr Job wird sich ändern. Ihr Arbeitgeber. Vielleicht arbeiten Sie auch in einer ganz anderen Branche oder einem anderen Tätigkeitsbereich.

All diese Veränderungen gilt es, wie die Berater sagen, zu managen. Eines ist klar: Je mehr Bereiche Ihres Lebens von den Veränderungen betroffen sind, desto höher ist das Risiko zu scheitern. Daher mein Rat: Versuchen Sie, so wenig wie möglich zu verändern. Versuchen Sie, Ihrem Job und Ihrer Branche treu zu bleiben, vielleicht auch noch dem Arbeitgeber, wenn das möglich ist. Machen Sie nicht eine Bäckerei auf, wenn Sie bisher Bankangestellter waren. Sie wissen vielleicht, wie Sie Ihren Business Case für die Bäckerei zusammenstellen, aber Hunderte von Brötchen selbst backen, Tag für Tag, in einem fremden Land? Lassen Sie lieber die Finger davon.

Ähnliches gilt für die abenteuerlichen Ideen der Auswanderer, die beruflich nicht gleich Fuß fassen und sich deshalb den Gedanken schönreden, ein deutsches Restaurant zu eröffnen. Schuster, bleib bei Deinen Leisten – dieses deutsche Sprichwort hat einen sehr ernstzunehmenden wahren Kern. Und danach sollten Sie sich richten. Die Auswanderung ist ein sehr risikoreicher Zeitpunkt, neue Dinge auszuprobieren – ausgerechnet dann, wenn sich sowieso schon alles ändert.

Sollten Sie dann im Beruf angekommen sein, empfehle ich Ihnen: Lassen Sie sich einen Coach kommen und vereinbaren Sie ein paar Sessions. Er kann Sie dabei unterstützen, sich beruflich auf das neue Land und das neue Umfeld einzustellen. Wenn Ihnen das keiner bezahlt, gehen Sie selbst in Vorleistung. Speziell in asiatischen Ländern, aber auch in „normalen" Auswanderländern wie Kanada, USA

und Australien gibt es im Vergleich zum deutschen Arbeitsalltag und zur deutschen Arbeitskultur dramatische Unterschiede. Wenn Sie es sich irgendwie ersparen wollen, von einem Fettnapf in den nächsten zu stolpern – investieren Sie ein paar Dollar in einen Coach. Auch in Europa gibt es gravierende Unterschiede zwischen den Ländern, auf die es sich vorzubereiten lohnt.

Ab in die Sprachschule!

Bereiten Sie sich auch sprachlich auf die Herausforderungen vor. Besuchen Sie Sprachkurse in Deutschland, bevor Sie gehen. Die Zeit zwischen Visaantrag und der Einreise in das neue Land ist sowieso lang, da können Sie durchaus noch einige Sprachkurse besuchen. Beschäftigen Sie sich mit dem Land und der dort gesprochenen Sprache. Sie glauben, dass Ihr Schulenglisch oder ein paar Volkshochschulkurse „Spanisch für Anfänger" doch locker ausreichen? Vergessen Sie's. Oder noch besser: Versuchen Sie mal, einer australischen Konversation über das letzte Rugbyspiel zu folgen. Sie werden staunen! Und nicht viel mehr als Bahnhof verstehen.

Zu den privaten Konversationen kommen die beruflichen ja auch noch dazu. Wenn Sie in Ihrer Branche bleiben, mögen die Ihnen noch relativ leicht fallen. Aber selbst dann gibt es noch genügend Spezialgebiete, für die Sie die Fachbegriffe lernen und üben sollten, beispielsweise für die Bewerbungsphase. Kleiner Test. Wissen Sie, was „You've got tickets on yourself" heißt? Nein? Sehen Sie, genau das meinte ich.

Wenn Sie Kinder haben: Bereiten Sie diese ebenso auf das Land und die Sprache vor wie sich selbst. Auch wenn Ihre lieben Kleinen einen weitaus stressfreieren Einstieg haben werden als Sie, ist die sprachliche Vorbereitung kein schlechter Weg. Stellen Sie ein Au-pair aus Ihrem Auswandererland ein. Wenn Sie das nicht wollen, schaffen Sie Sprachkurse, Hörspiele oder DVDs in der jeweiligen Landessprache an – so helfen Sie Ihren Kindern, die ersten Hemmschwellen zu überwinden. Sind Sie erst einmal im neuen Land, wird die neue Sprache Ihren Kindern weniger Schwierigkeiten bereiten.

Bücher sind zum Lesen da!

Ganz wichtig: Lesen Sie! Bereiten Sie sich ausführlich auf den neuen Lebensabschnitt vor. Und nehmen Sie dazu nicht nur den Reiseführer aus der Buchhandlung um die Ecke. Sondern besorgen Sie sich Bücher und Material, die Ihnen tiefgründig erklären, wie das Land funktioniert, welche Geschichte es hat, welche Kultur, welche politische Situation und welche Herausforderungen es bietet. Auch „Augenöffner-Literatur" kann sehr lesenswert sein. Die Reihe

„Gebrauchsanweisung für …“ aus dem Piper-Verlag kann ich Ihnen nur empfehlen: gute und kurzweilige Lektüre, die mit dem jeweiligen Land etwas härter ins Gericht geht. Hier wird beispielsweise beschrieben, dass Armut in der Schweiz schrecklich sein muss und dass man sich beim Lebensmittelkauf in den lokalen Migros-Supermärkten vorkommt wie ein Obdachloser im KaDeWe, eines der teuersten Kaufhäuser in Berlin. Aufgrund dieser Lektüre können Sie zum Beispiel schnell erfahren, dass Sie doch etwas mehr Geld in diesem Land verdienen müssen, um Ihren Lebensstandard auch nur annähernd halten zu können.

Übrigens: Falls Sie sich irgendwann doch mit dem Gedanken anfreunden müssen, wieder zurück nach Deutschland zu gehen, kann ich Ihnen „Gebrauchsanweisung für Deutschland“ nur wärmstens ans Herz legen. Damit lernen Sie, sich wieder in Deutschland zurechtzufinden. Es zeigt Ihnen deutlich und gnadenlos auf, dass zu den liebsten Beschäftigungen der Deutschen beispielsweise das Schaufensterbummeln am Sonntag gehört – aus der Not geboren, denn am Sonntag haben die Läden in Deutschland nun mal zu. Sehr gewöhnungsbedürftig, wenn man erst mal ein paar Jahre im Ausland gelebt hat, das kann ich Ihnen versichern.

Wenn Sie dann belesen und bestens vorbereitet im neuen Land angekommen sind, verordnen Sie sich bitte sofort ein Tagesschau-per-Internet-Verbot, lesen Sie nicht oder nur selten spiegel.de und kommen Sie bloß nicht auf den Gedanken, sich die Süddeutsche im Auslandsabo zu bestellen – nur um mit tagelanger Verzögerung das zu lesen, was in Ihrem Zielland sowieso niemanden interessiert. Von deutscher Politik werden Sie nur in den Fällen etwas mitbekommen, in denen der Premier Ihres neuen Heimatlandes in Deutschland zu Gast ist.

Vielmehr gilt die Devise: Schauen Sie lokale Nachrichten im Fernsehen – seien sie vom Informationsgehalt her noch so dürftig und noch nicht einmal ansatzweise in der Lage, Ihren Wissensdurst zu stillen. Gehen Sie grundsätzlich davon aus, dass Deutschland keine oder kaum Erwähnung findet. Aber lassen Sie sich einfach drauf ein – schließlich leben Sie in einem neuen Land und da ist es nun mal von hohem Erkenntniswert, dass es wieder mal eine kleine Überflutung gegeben hat oder eine junge und unerfahrene Katze auf einem Baum von der Feuerwehr gerettet wurde.

Studieren Sie außerdem die Tageszeitungen und die wöchentlichen Wirtschaftsmagazine und versuchen Sie, sich die Köpfe und Firmennamen zu merken. Sie werden feststellen, dass sich nach einigen Monaten kontinuierlicher Lektüre ein Wiedererkennungseffekt einstellt und Sie bei Gesprächen mit Nachbarn und Arbeitskollegen nicht mehr ganz so ahnungslos sind.

Der Kapitän der nationalen Cricketmanschaft sollte Ihnen ebenso ein Begriff sein wie der Premier, Gouverneur oder Minister des jeweiligen Landes, Staates oder Bezirks, in

dem Sie leben. Versuchen Sie zu erfassen, worüber die Menschen in Ihrer nahen Umgebung sprechen und was sie umtreibt. Ist es die Regionalwahl, die ansteht, dann versuchen Sie zu verstehen, wofür die Parteien und Köpfe stehen. Herrscht eine Dürre und Ihre Stadt ist von Wassern in den Stauseen abhängig, dann informieren Sie sich darüber, wo es in den letzten Tagen geregnet hat, was die Regierungspartei tut, um dieser Dürre zu begegnen und wie hoch die Stauseen noch mit Wasser gefüllt sind, von denen Ihr Wasserhahn abhängig ist.

Vor allem: Machen Sie nicht den Fehler, an den falschen Tagen mit einem Schlauch Ihren Garten zu gießen – nämlich dann, wenn Water Restrictions ausgerufen sind, die das

Gießen nur an bestimmten Tagen für bestimmte Straßenzüge und nur für Menschen über 70 erlauben und das auch nur unter Nutzung eines Eimers. Ach ja, und rechnen Sie damit, dass unter solchen Bedingungen das Waschen Ihres Autos mit einer Gefängnis- und hohen Geldstrafe geahndet werden kann. Um es auf den Punkt zu bringen: Solche Informationen bekommen Sie nur eben nur, wenn Sie sich mit den lokalen Themen auseinandersetzen.

Sport mit Nebenwirkungen

Neben den Menschen, dem Land und der Kultur sowie der Politik ist eines essentiell: Sport. Er verbindet Menschen auf der gesamten Welt miteinander.

Versuchen Sie also, die lokalen Sportarten zu verstehen, kennenzulernen und zu erlernen. Wenn Sie nach Dubai auswandern, sollten Sie lernen, auf einem Kamel zu reiten. In Amerika ist es nützlich, sich in mindestens zwei der vier Landessportarten auszukennen. Basketball, Football, Baseball und Icehockey stehen dort hoch im Kurs und wechseln sich fernsehwirksam mit ihren jeweiligen Finalspielen in der Sommer- und Wintersaison ab. Auch wenn Ihnen keine Sportart spontan zusagt: Überwinden Sie sich und versuchen Sie es trotzdem. Machen Sie keinesfalls den Fehler, die Amerikaner vom Fußball überzeugen zu wollen, weil der ja eh besser und Abseits überhaupt eine tolle deutsche

Regel ist, die nur wenige eingefleischte Fußballfans in wenigen Worten und hundertprozentig korrekt erklären können.

Sollten Sie nach Indien, Australien oder Südafrika gehen, ist Cricket Pflicht – selbst wenn Sie nicht das Sitzfleisch und das Geld haben, an fünf aneinanderfolgenden Tagen ein und dasselbe Cricketspiel anzuschauen – denn davor steht der Gewinner keinesfalls fest. Und merken Sie sich vor allem eins: Wenn Sie die Cricketregeln nicht kennen, werden Sie an keiner privaten Konversation teilnehmen können. Sie werden einfach nur daneben stehen und nichts verstehen, und das nicht nur, weil Sie vielleicht 20 Zentimeter größer sind als der Rest.

Rugby ist in Australien und ebenso Südafrika ganz groß, und, man will es nicht meinen, auch in Frankreich. In England stehen dagegen Snooker oder Polo hoch im Kurs. Beides will gelernt sein und Kenntnisse darin sichern Ihnen einen Platz mitten in der Konversation zu und nicht nur am Rande. Alternativ können Sie natürlich den Toastmasters beitreten, um zu lernen, wie Sie jede Konversation auf Themen lenken, mit denen Sie sich auskennen.

Wenn Sie innerhalb Deutschlands umziehen, melden Sie sich an Ihrem neuen Wohnort mit Sicherheit auch relativ schnell bei einem lokalen Sportverein Ihrer Wahl an, oder? Dann tun Sie dies einfach auch in Ihrem Auswandererland.

Sie erweisen Ihrer Gesundheit einen guten Dienst und kommen in Kontakt mit den Menschen.

Machen Sie sich nützlich!

Apropos Menschen: Wenn Sie in Ihrem neuen Heimatland immer nur mit der deutschen Expat-Community zusammenglucken und über die lustige Aussprache der Einheimischen lästern, dann ist das nicht sehr zielführend. Nutzen Sie alle Möglichkeiten, mit den Locals in Kontakt zu kommen und sie zu verstehen. Das fängt bei der beruflichen Konversation an und hört mit dem nachbarlichen Plausch über den Gartenzaun noch lange nicht auf. Versuchen Sie, Ihre neuen Mitbürger zu verstehen, ihre Beweggründe, ihre Hintergründe, ihre Geschichte. Wenn die Menschen merken, dass Sie sich mit ihnen befassen, Interesse zeigen und sich mit ihnen auseinandersetzen, wird man sich auch Ihnen gegenüber öffnen.

Eine gute Möglichkeit dazu ist es, ein ehrenamtliches oder gemeinnütziges Amt anzunehmen. Auch hier kommen Sie mit vielen Menschen in Kontakt und Sie tun etwas Nützliches für die lokale Community – ob Sie nun für die Gemeinde tätig werden oder sich freiwillig in eine der vielen Aktivitäten in der Schule Ihrer Kinder einbringen, bleibt ganz Ihnen überlassen. Melden Sie sich freiwillig, tragen Sie sich ein und machen Sie mit. Sie werden merken, wie der Grad der Akzeptanz immer stärker steigt – und zwar nicht nur der Akzeptanz, die die Menschen Ihrem Umfeld

Ihnen entgegenbringen, sondern auch der, den Sie gegenüber Ihrem neuen Heimatland verspüren. Bringen Sie sich ein, dann gehören Sie dazu.

In einer beruflichen Institution mitzuwirken, ist ebenfalls eine gute Möglichkeit dazu. In jeder größeren Stadt auf der Welt gibt es lokale Netzwerke für fast jeden Berufszweig. Ob das die Künstler sind, Chemiker oder der Club der toten Dichter – da ist sicherlich auch etwas für Sie dabei. Ein solches Netzwerk vergrößert nicht nur Ihr Verständnis für Ihre neue Heimat, sondern es erweitert auch Ihren beruflichen Horizont.

Sie können sich natürlich auch an einer Universität immatrikulieren. Sie haben kein Abitur? Macht nichts! In anderen Ländern kräht kein Hahn danach. Studieren ist dort nur eine Frage des Geldes, nicht des Alters oder sonstiger Regeln. Suchen Sie sich ein Fach aus, das Sie schon immer studieren wollten und los geht's. Vielleicht klappt's ja auch noch mit dem Jodeldiplom, dann haben Sie laut Loriot nicht nur etwas Eigenes, sondern auch noch viele neue Kommilitonen und damit ein stabiles Netzwerk.

Um all diese Dinge zu tun, müssen Sie schon ein bisschen Zeit investieren – und Ihre typisch deutsche Schüchternheit begraben. Lassen Sie sich einfach auf das Abenteuer ein und suchen Sie Kontakt, wo es geht. Jede Art von Kommunikation wird Ihnen helfen, im Land Ihrer Wahl anzukommen.

Wagen Sie es!

Um es auf den Punkt zu bringen: Was Sie beweisen müssen, ist Commitment. Und Commitment zeigt man nicht, wenn man alle halbe Jahre nach Deutschland fährt, um sich beispielsweise um die Neuvermietung der eigenen Wohnung zu kümmern. Auch wenn es schwerfällt: Verkaufen Sie Ihre Immobilien und erwerben Sie lieber Eigentum im Land Ihrer Wahl. Natürlich gibt es Zöpfe, die abzuschneiden ein Verlust wäre. Ihre Kapitallebensversicherung, die Sie vor zehn Jahren abgeschlossen haben, sollten Sie auch weiter bedienen.

Versuchen Sie jedoch so wenig wie möglich zurückzulassen, das Ihre Präsenz in Deutschland noch erfordert. Machen Sie reinen Tisch. Eine Auswanderung ist auch immer wie ein klärendes Gewitter. Sie können sich im Zuge dessen von vielen Altlasten befreien – seien es Arbeitgeber, Freunde oder eben das alte Tafelsilber Ihrer Tante, das Sie schon immer loswerden wollten, wofür Ihnen aber bislang der richtige Grund fehlte. Nun haben Sie die Möglichkeit dazu. Nutzen Sie sie. Und kaufen Sie Eigentum im neuen Land. Gehen Sie Verbindlichkeiten und Verpflichtungen ein. Verpflichtungen, die es Ihnen schwerer machen, dem Land einfach so wieder den Rücken zu kehren.

Sie können dem Ganzen aber noch die Krone aufsetzen. Das Tüpfelchen auf dem i verpassen. Nehmen Sie die Staatsbürgerschaft des neuen Landes an. Auch hier gehören

natürlich Regeln dazu. Nicht in jedem Land geht das so einfach. In USA müssen Sie darauf etliche Jahre warten. Jedes Land hat andere Regeln und Zulassungskriterien. Scheuen Sie sich nicht, sich dafür zu interessieren.

Bedenken Sie aber: Deutschland lässt grundsätzlich die doppelte Staatsbürgerschaft zu. Die Betonung liegt auf grundsätzlich. Ich nenne das Weichmacher. Sie brauchen nur die einschlägigen Foren zu durchsuchen und bekommen seitenlange Hinweise, wie eine Genehmigung für die doppelte Staatsbürgerschaft zu erreichen ist, denn auch hierfür gibt es natürlich einen stringenten Prozess und ein Auswahlverfahren, das Sie unbedingt bestehen sollten. Denn ganz egal, wie groß Ihre Liebe zum neuen Land ist: Die Option, nach Deutschland und somit nach Europa zurückzugehen, sollten Sie nicht aufgeben. Die Devise sollte es vielmehr sein, eine Option mehr zu haben, nicht eine Option für eine andere aufzugeben.

All dies ist harte Arbeit und fordert sicherlich einiges von Ihnen ab. Aber: Nur das Ergebnis zählt. Ein schönes, vertrautes, akzeptiertes und langes Leben in dem Land Ihrer Wahl. Lassen Sie sich drauf ein. Nur wenn Sie es tun, wird es das Land auch tun und den Zauber auf Sie ausstrahlen, den Sie am Anfang Ihrer Reise vor Augen gehabt haben.

EPILOG

Sitzen Sie immer noch in Ihrem Sessel? Ist der Spätburgunder schon alle? Und wie sieht es mit Ihren hochfliegenden Plänen aus – wollen Sie nach wie vor auswandern? Oder hat Sie bereits der Mut verlassen, angesichts all der Unwägbarkeiten, die zu meistern sind? Eines ist Ihnen jetzt hoffentlich klar: Wenn Sie tatsächlich auswandern wollen, haben Sie einen weiten und beschwerlichen Weg vor sich und jede Menge Herausforderungen. Aber: Schon viele Menschen vor Ihnen haben diesen Weg geschafft!

Auch wenn die Zeit bis zu einem Visum lang erscheint: Sie geht vorüber. Auch wenn der Abschied schwer fällt: Sie werden ihn überwinden. Auch wenn Sie die fremde Sprache noch nicht sprechen: Sie werden sie lernen. Auch wenn Sie noch keinen Job haben: Sie werden einen finden. Selbst wenn Sie noch nicht wissen, wo Sie wohnen werden: Auch das wird sich ergeben. Wenn Sie nicht gleich neue Bekannte und Freunde gewinnen: Es gibt überall nette Menschen – früher oder später werden Sie ihnen begegnen. Und ob Sie tatsächlich im neuen Land bleiben oder nicht, können Sie sowieso noch nicht wissen, also machen Sie sich am besten auch gar keine Sorgen deswegen. Selbst wenn der Alltag im neuen Land nicht immer einfach ist: Irgendwann stellen Sie

erstaunt fest, dass Jahre vergangen sind und Sie sich in der neuen Heimat auch wirklich wie zu Hause fühlen.

Natürlich können Sie versuchen, alle Risiken vorher abzuwägen, die diversen Tipps-und-Tricks-Bücher lesen, sämtliche Auswander-Soaps im Fernsehen schauen und sich durch unzählige Foren-Beiträge im Internet wühlen. Am Ende wird so oder so die Erkenntnis stehen: Sie können vielleicht den Zeitpunkt Ihrer Abreise beeinflussen und den Ort, an den Sie gehen wollen und einiges andere auch. Aber sehr vieles eben auch nicht. Jedes Auswanderschicksal verläuft anders und Glück spielt eine sehr wichtige Rolle. Nicht alles können Sie steuern und lenken. Bis auf eines: Ihren Willen. Aufgeben gilt nicht. Denn sind Ihre Sachen erst einmal gepackt, ist der Job gekündigt und sitzen Sie nach einem tränenreichen Abschied im Flieger, ist der Weg zurück fast so beschwerlich wie der, der noch vor Ihnen liegt.

Deswegen: Tun Sie es! Erfüllen Sie sich Ihren sehnlichsten Wunsch und wandern Sie aus. Lassen Sie sich darauf ein. Setzen Sie sich einen Termin. Und ganz egal, wie es ausgeht: Sie werden ein anderer Mensch sein und um viele Erfahrungen reicher. Und vielleicht haben Sie ja dann auch Lust, ein Buch darüber zu schreiben. Ich wünsche Ihnen, dass Sie dann am Strand vor Ihrer Haustür sitzen, aufs Meer hinausschauen und zufrieden mit sich und Ihrer neuen Welt sind. Viel Glück!

ÜBER DEN AUTOR

Torsten J. Koerting hat einige Auswandererfahrung gemacht – er lebte etliche Jahre in den USA und in Australien. Heute besitzt er die deutsche und die australische Staatsbürgerschaft und freut sich, wieder einmal in Deutschland zu sein – wo er das knusprige Bauernbrot aus der Bäckerei um die Ecke genießt.

In seinem Buch „Mythos Auswandern“ blickt Torsten J. Koerting sarkastisch, zynisch und nicht ohne ironischen Unterton auf die Dinge, die Auswanderungswilligen in ihrem gefühlten Heimatüberdruss und überschwänglichen Auswandereuphorie nicht so unbedingt präsent sind.

UNTERTITEL, DIE ...

... es nicht auf das Cover dieses Buches geschafft haben

Nichts für mittellose Weicheier und heimatverliebte Sprachbanausen

Das Lachen wird Ihnen noch schnell genug vergehen

If you can't stand the heat stay out of the kitchen

Warum Sie gehen sollten und wie Sie gewinnen

Ich mach' Ihnen jetzt mal Licht ans Fahrrad

Ich warne Sie, aber machen Sie es trotzdem

Sagen Sie nicht, ich hätte Sie nicht gewarnt

Damit Sie wissen, was auf Sie zukommt

Erst hin und weg. Dann hin. Und weg

Machen Sie sich auf was gefasst

Damit hätten Sie nie gerechnet

Sie werden sich noch wundern

Euphorie alleine reicht nicht

Träume sind zum Platzen da

Warum Sie bleiben sollten

Wunsch und Wirklichkeit

Vom großen Erwachen

Die ganze Wahrheit